张富清系列图书

父亲原本是英雄

报告文学

田天 田苹 / 著

长江出版传媒
湖北人民出版社

图书在版编目(CIP)数据

父亲原本是英雄/田天，田苹著．
武汉：湖北人民出版社，2019.10
ISBN 978－7－216－09752－9
Ⅰ.①父… Ⅱ.①田… ②田… Ⅲ.①报告文学—中国—当代
Ⅳ.①I25
中国版本图书馆CIP数据核字(2019)第140158号

责任编辑：胡心婷　曾若雪　朱小丹
　　　　　　黄　沙　耿天维
封面设计：刘舒扬　张　弦
责任校对：范承勇
责任印制：王　超

父亲原本是英雄　FUQIN YUANBEN SHI YINGXIONG

出版发行:湖北人民出版社	地址:武汉市雄楚大道268号
印刷:湖北新华印务有限公司	邮编:430070
开本:787毫米×1092毫米　1/16	印张:23
版次:2019年10月第1版	印次:2019年10月第1次印刷
字数:235千字	插页:1
书号:ISBN 978－7－216－09752－9	定价:58.00元

本社网址：http://www.hbpp.com.cn
本社旗舰店：http://hbrmcbs.tmall.com
读者服务部电话：027-87679656
投诉举报电话：027-87679757
(图书如出现印装质量问题，由本社负责调换)

编委会

主　任

邓务贵

副主任

文坤斗　李修文　陈义国　祝艳阳

委　员

耿瑞华　邱菊生　何文正　吴小斌　吴元斌　姚德海　姚　梅

前　言

2019年4月21日，习近平总书记对张富清同志先进事迹作出重要指示强调，老英雄张富清60多年深藏功名，一辈子坚守初心、不改本色，事迹感人。在部队，他保家卫国；到地方，他为民造福。他用自己的朴实纯粹、淡泊名利书写了精彩人生，是广大部队官兵和退役军人学习的榜样。要积极弘扬奉献精神，凝聚起万众一心奋斗新时代的强大力量。

今年95岁的张富清，是原西北野战军三五九旅七一八团二营六连战士，在解放战争的枪林弹雨中英勇善战、舍生忘死，先后荣立西北野战军特等功一次、军一等功一次、师一等功一次、师二等功一次和团一等功一次，并被授予军"战斗英雄"称号、师"战斗英雄"称号和"人民功臣"奖章。1955年张富清退役转业，主动要求到湖北最偏远的恩施来凤工作，60多年来他刻意尘封功绩，为山区人民奉献一生。战争年代不怕牺牲、出生入死，张富清靠的是一名共产党员的忠诚信仰；和平时期扎根深山、默默奉献，张富清为的是不负一名共产党员的铮铮誓言。

习近平总书记为张富清同志颁授"共和国勋章"，中共中央授予张富清同志"全国优秀共产党员"称号，中央宣传部授予张富清同志"时代楷模"荣誉称号，中央组织部、中央宣传部等四部门联合印发《关于开展向张富清同志学习的通知》，中共湖北省委下发《关于认真贯彻习近平总书记重要指示精神，广泛开展向张富清同志学习的通知》，要求各级党组织和广大党员干部深入学习张富清同志对党忠诚、不忘初心的革命本色，胸怀大局、矢志奉献的政治品格，淡泊名利、深藏功名的高尚情操，克己奉公、廉洁无私的敬业精神，艰苦奋斗、乐观向上的人生态度。

为深入学习宣传张富清同志的先进事迹，传承弘扬爱国奋斗精神，奏响新时代奋斗者之歌，用英雄模范的感人故事激励全省广大党员干部不忘初心，担当使命，继续砥砺前行，根据中共湖北省委宣传部的部署安排，湖北省作家协会组织作家深入张富清同志战斗、工作和生活的地方，面对面采访英雄，记录英雄事迹，聆听英雄心声，创作了长篇报告文学《父亲原本是英雄》、长诗《中国，一个老兵的故事》、长篇散文《静静流淌的岁月》三部文学作品。这些作品以充沛的激情、生动的笔触、感人的细节、真挚的语言，把一个在战场上"无畏"、在岗位上"无私"，只求事业"功成"、不图个人"功名"，人生角色"在变"、初心使命"不变"的英雄呈现在读者面前，还原了一个真实、立体的优秀共产党员形象。

本书编委会
2019 年 10 月

目 录

001 / 序　幕　　父亲的秘密

013 / 第一章　　部队来信

027 / 第二章　　你加我，就是一个家

045 / 第三章　　恩施在哪里，来凤在哪里

061 / 第四章　　吃饭是第一件大事

081 / 第五章　　三　胡

103 / 第六章　　贫贱夫妻百事哀

121 / 第七章　　卯　洞

149 / 第八章　　在困难的日子里

173 / 第九章　　回到县城

193 / 第十章　　离休生活

211 / 第十一章　　老家，是个传说

225 / 第十二章　　突击队员在成长

241 / 第十三章	永丰之战
253 / 第十四章	北京，天安门
265 / 第十五章	永远的战士
285 / 第十六章	英雄出山
303 / 第十七章	部队来人
319 / 第十八章	坚守初心
335 / 第十九章	你都做到了
351 / 尾　声	父亲原本是英雄

序　幕

父亲的秘密

湖北来凤县城翔凤镇

序　幕　父亲的秘密

父亲老了。

不是花甲之年、古稀之年，也不是耄耋之年，而是早已迈进鲐背之年，甚至眺望期颐之年了……

是的，父亲生于1924年，农历腊月二十四日。

差不了两个月，他就迎来95岁大寿——84岁的母亲说："你爸满94岁，吃95岁的饭了……"

作为儿子——61岁的张建国和56岁的张健全，你们该为父亲做点什么？

年近95岁的父亲安安静静坐在沙发上，静静看着你们。

老父亲笑意盈盈，目光纯澈，如同返老还童的婴儿……

他只剩一条腿了。

被截肢的左腿，裤管空空的……

而那条帮助行走的义肢，此刻就在一旁倚墙而立，不但穿着鞋袜，鞋带也系得一丝不苟……

他总是戴着一顶帽子，即使在家也戴着。事实上，他从年轻时就喜欢戴帽子，不分春夏秋冬，不管家里家外……

因为耳背，与人交流困难，通常都需要84岁的老母亲一句一句现场"翻译"……

母亲说："你们的孝心爸爸领了，但是他不想庆祝生日，95岁也不过多活一年，有什么好显摆的？"

父亲说，现在生活好了，有吃有穿，但还是要勤俭节约，不要铺张浪费！

一听母亲的转述，张健全和大哥张建国都笑起来。

上个周末，张建国提出今年要上馆子庆祝父亲的生日——他说："90岁乃是鲐背之年，95岁理应大喜大庆，咱们摆一桌寿宴，四代人全到场。"可是父亲连连摇头："你们不要打着我的幌子，大吃大喝啊！"

当然父亲是说笑，认认真真说笑。

"咱们家六个共产党员，健全又是巡察组组长，八项规定该记得吧？"

已经退休的张建国和已经"改非"（改任非领导职务）的张健全哭笑不得。

——即使说笑，那也是父亲在叮嘱你们、敲打你们！

最后还是母亲一锤定音："要吃就在家吃吧！我们两个老的提前两天准备好，你们到时候带张嘴巴回家就行了。"

父亲立即响应："你们妈妈亲自下厨，我来打个下手！"

就这么定了。

大哥觉得庆贺父亲的寿诞本是张家一件大事，却被老两口一唱一和阻止了。他无可奈何，不再争取。他曾多年担任县教育局局长和文化体育局副局长（正科级），但在父母面前，仍旧是个"听话的孩子"。

张建国苦笑着说："就让旁人骂我们张家子孙不孝好了。"

序　幕　父亲的秘密

不过，等到老父老母目送兄弟俩垂头丧气出门，回归各自的小家时，父亲还是笑吟吟补了一句：

"等到一百岁，我不反对你们摆一桌……可以上咱们来凤县最好的馆子！"

家有一老，如有一宝。两老健在，宝上加宝。年关将近，父亲的生日也愈来愈近，大街上张灯结彩，打年货的多了起来，兄弟俩想为父亲多少做点什么的愿望，也日益强烈。

可是，如今不愁吃穿，物质条件相对充裕，要表达做儿女的一片孝心，还真是不大容易！

几天之后，张健全上街办事，在凤翔大道与和平路交会处，在一栋老旧的办公楼前，他第一次看到那块刚刚挂出几天、似乎墨迹未干的"来凤县退役军人事务局"的牌子。走进暖烘烘的办事大厅，只见一张公告红彤彤扑面而来——

寻找光荣的您
　　——退役军人和其他优抚对象信息采集……

——寻找光荣的您！

"这个'您'，不就包括咱们家95岁的老父亲……多好！"

为"光荣的您"办理一次国家登记，让父亲的军旅生涯记录在案，岂不是送给他的一件最好的生日礼物？！

"替我父亲登个记。"

推开一间办公室的门,看到电脑前坐着一个有点面熟的小伙子,张健全心想,湖北省退役军人事务厅 11 月 23 日挂牌,次日来凤县退役军人事务局随即挂牌——来凤作为革命老区、少数民族地区,办事效率还是蛮高的!

"哎呀,张书记稀客啊!"负责接待的聂海波慌忙站起来,赶紧泡茶。

"不不,刚喝了。"张健全曾经担任县委政法委常务副书记、县综治办主任,但如今已经"改非",也就是协助现任书记做一些力所能及的工作,出谋划策啦、补缺拾遗啦,等等。"我退二线了,别再书记前书记后的,寒碜!"他笑着说。

"知道您当巡察组组长了……张组长,您是退役军人啊?"

"父亲是。我不是。"

"老人家高寿?"

"过年就满 95 啦!"

"95?!"

聂海波不禁有些惊讶。虽说来凤县号称"长寿之乡",崇山峻岭间百岁老人不少,可他还不曾亲眼见过。"难怪老人家不能亲自来登记的……"

"不不,父亲他完全可以自己来,身体没问题,天天上街买菜呢!"张健全回答道,"我今天先来了解下情况,看看需要准备什么……"

聂海波递给张健全一张表格:"您先帮老人家填个表,再把户

序　幕　父亲的秘密

口簿、身份证、退休证拿来,还有奖证奖章之类……"

张健全站起来:"好,我回家问问老爷子,星期一送来!"

2018年12月3日,星期一。这一天,恰好张健全的工作特别忙,一直忙到下午5点多,离下班不到一个小时。

这时,他陡然想起老父亲的材料还没送呢,于是赶紧给县退役军人事务局打了一个电话,又跟单位请了个假,提起公文包,急急忙忙出了办公室。

办公室温暖如春,门前的武汉大道上却寒风飕飕。武汉大道是武汉市对口援建来凤县城的主干道,全长3300米,宽45米。它与酉水上的湘鄂情大桥相连,跨过大桥就到了湖南省龙山县的岳麓大道——它则是由长沙市为龙山县无偿援建的。

又是聂海波接待。

小伙子喜眉笑眼、热心快肠,不过仍是张书记前张书记后的。

"什么东西?"

张健全打开公文包,小心翼翼地取出一个厚厚的牛皮纸袋,拿出一个红布包裹。

"这是老父亲压箱底的几件材料,不知道是不是这些东西。"

首先是一枚奖章。年深日久,锈迹暗生,但仍然熠熠生辉。奖章正面是"人民功臣"四个金色大字,下方刻着"西北军政委员会颁",颁发时间是1950年。

接着是一本纸页发黄的"立功证书",记录着主人在解放战争中立下的赫赫战功:军一等功一次,师一等功、二等功各一次,团一等功一次，另有两次荣获"战斗英雄"称号！

还有一份不同寻常的"报功书"，上面写道——

贵府张富清同志为民族与人民解放事业，光荣参加我西北野战军第二纵队三五九旅七一八团二营六连，任副排长。因在陕西永丰城战斗中勇敢杀敌，荣获特等功，实为贵府之光、我军之荣。特此驰报鸿禧，并致贺礼。

这份报功书的签署人，正是当年西北野战军司令员兼政委彭德怀，以及政治部主任甘泗淇、副主任张德生。

聂海波当时就被震慑了。

他是军人家庭出身，又是不折不扣的"军迷"，他知道这些军功章的分量。

直到现在，和聂海波讲起当时的情景，他依然沉浸在震惊和激动中："当时他是用一个红布包裹着军功章，其中一枚军功章上面刻着'人民功臣'四个字。当时一看到这个军功章之后，我一下就愣住了，像这种'人民功臣'奖章，不是一般的人能够拿到的，这种荣誉应该是在某个大型战役中，对整个战局有突出贡献，或者对战局有扭转作用的人才可能获得，一般人是不可能得到的。"

他说，在这次震动全县的退役军人信息采集工作中，在这之前他只见过几枚三等功勋章呢！

那天登记之后，聂海波送张健全出门，还在一迭连声地感慨着，

序　幕　父亲的秘密

反反复复地赞叹着：

"真没想到啊！我们小小的来凤县城，还隐藏着这样一位立下赫赫战功的大英雄！"

腊月二十四，父亲95岁生日，张健全带着妻子女儿早早来到父母家。

大哥张建国一家、二姐张建荣一家，前前后后都来了。他们兄弟姐妹四个，除了大姐张建珍因童年患病至今独身、跟父母一起生活外，其他三个小家都住在来凤县城——一声招呼，分分钟就可以聚在一起。

此刻，父亲笑呵呵地坐在沙发上烤火，母亲和大姐忙进忙出，正在准备"寿宴"——根据家里几十年的传统，所谓寿宴，也就是在平日里简单朴素的饭桌上，增添几个家常菜而已。

张健全的女儿张然是恩施一所大学的艺术教师，打小能歌善舞，深受爷爷奶奶宠爱。

张然一直有一个小小的疑惑，从小到大百思莫解：不管天冷天热，爷爷为什么一年四季总戴着帽子啊？就像高山上的土家族人喜欢缠个头帕一样，可爷爷根本不是土家族人嘛……

问爷爷，他从来不说，倒是奶奶帮忙解释，说是爷爷头顶上受过伤，怕凉，凉到了脑壳疼……

"是不是和坏人打架打的？"

"和敌人打仗打的……"

——这就是张然得到的全部答案。

"爷爷，今天您95岁大寿，能不能满足我一个小小请求，让我摸一摸您头上的伤疤？"

孙女稍微发嗲，爷爷便乖乖取下帽子，垂下白发稀疏的头颅，笑着说："你摸吧！这有什么好摸的！"

张然本是开个玩笑，不曾想爷爷如此认真，于是伸出一根手指，在那块没有头发的疤痕上，轻轻地、轻轻地摸了摸……

哪知道有人带头，孙子重孙便一起上阵，逗得爷爷像怕痒痒似的咯咯直笑，还多少带点孩子似的羞赧……

奶奶在一旁说："爷爷脑壳上有伤，身上有伤，手上有伤，还有，我们结婚时他就安了假牙的，说是牙齿被炮弹震松了……"

趁着爷爷心情愉快，在儿孙绕膝的亲情氛围中有求必应，张然又提出要看一看爷爷的神秘箱子。

"您的军功章已经给我爸看了，退役军人事务局也看了，难道还要继续瞒着我们孙子辈啊？"

"去，把柜子上那口皮箱子取下来！"

张健全一怔，这可是老父亲第一次不推不阻，答应得如此爽快！

这只旧皮箱，张健全和哥哥姐姐都有印象，只是从来不曾打开，更不了解那里面究竟装的是什么。那时候家里的家具差不多都是些木盒子，大大小小码起来，连柜子都算不上。所以这一口皮箱，一目了然很醒目，但它总是被父亲锁着……

如此简陋、如此古朴，布满岁月风尘、具有年代感的箱子啊……

张健全印象最深的，就是他们家1979年从卯洞公社搬回县城

序　幕　父亲的秘密

那一次。他帮母亲收拾东西时，一不小心把箱子摔了一下，没想到上面的柄十分脆弱，全摔坏了，当时他吓得呆在那里一动不动。好在母亲并没有责备他，只是说："你爸爸好心疼的！"然后让他找了一根尼龙绳，绑住就算了。

上世纪 80 年代，张健全上大学期间，有一次假期回到家，在翻找一本书时，那口皮箱又出现在他的视野里。当时他突然产生了一种强烈的欲望，想打开箱子，看看这里头放的是什么。

看看它到底藏着什么值钱的金银宝贝！

不过，犹豫再三，他还是没敢打开，毕竟打小他就不是那种调皮捣蛋胆大妄为的孩子。他不止一次询问母亲，母亲也说不清楚——"反正是你爸爸的那些东西！"

什么东西？

其实，看母亲的样子，她应该多少知道一些箱子里的秘密，只是因为她夫唱妇随，时刻和父亲站在一道，但她可能并不了解那些物品究竟代表着什么、意味着什么，或者具有多大价值内涵吧。

现在，在全家人凝神屏气的注视下，老父亲终于亲手打开了那只旧皮箱。

但毕竟年岁大了，他的手有些颤抖。

张健全站在父亲身后，全神贯注地凝视着，既紧张又兴奋，也犹豫着要不要搭手帮忙，不过还是没有帮忙……

隐隐约约，他感觉到父亲的神情中有一种神圣，一种庄严！

清清楚楚，他看见父亲的眼神中迸发出一种年轻的精神，一股强大的力量……

伴随着张然的一声惊呼，那只在家中存放了64年的旧皮箱，终于被打开了……

啊，父亲的秘密！

被打开的不只是一只旧皮箱，被打开的是一个普通老兵守护了64年的荣誉之谜，一个共产党员干部坚守了一辈子的信仰与忠贞之谜……

同时也是老父亲95年的生命之谜，是一个陕西老兵落籍来凤、一个家族瓜瓞绵绵的生活之谜！

95岁的老父亲早已迈进"鲐背之年"。据说，鲐是一种海鱼，它的背上有一种深蓝色的斑纹，与老年人背部的斑非常相似，因此人们把90岁以上的老人称为"鲐背老人"……

然而父亲脸庞上少有皱纹，光滑、白净、一尘不染，笑意盈盈，如同返老还童的纯真婴儿……

说是"鲐背之年"似乎又有那么点儿不对……

但是想想吧，父亲张富清，陕西洋县人，打小生活在子房山下、湑水河畔，而湑水河是汉江的一条支流……

父亲95年的漫长人生，不就是像一条鱼从湑水河出发，然后经长江、清江、酉水……

这里，既有鱼游江河的凶险叵测、大风大浪的生死洗礼，又有逆流而上、永不服输的英勇气概，更有多姿多彩的两岸风光……

——啊，95岁的父亲！

父亲原本是英雄！

第一章

部队来信

当兵的人，思想纯洁，所以嫁给他。

——孙玉兰

陕西洋县马畅镇双庙村

第一章　部队来信

一

孙玉兰生于1935年。

1949年12月4日，洋县解放，她14岁……

洋县位于陕西省西南部，北倚秦岭，南靠巴山，发源于秦岭南麓的汉江由西向东横贯县境，两岸是汉中盆地的精华地段，因此这里素有"西北小江南""汉上明珠"之美誉。

但是，在解放前，在旧社会，再好的自然物产、美丽风光，跟上无片瓦、下无寸土的穷苦人又有什么关系？

再明亮再耀眼的"明珠"，也不能把你忍饥挨饿的日子照亮！

洋县是和平解放的，没放一枪一炮。

炸响的是人民群众夹道欢迎解放军的鞭炮。

自从1949年10月1日，中国共产党在北京宣告中华人民共和国中央人民政府成立、中国人民从此站起来了，洋县的国民党政权就处于风雨飘摇之中……

12月初，人民解放军第二野战军第十九兵团五十七师在攻克陕南重镇安康等地后，继续溯汉江西进，离洋县越来越近；同时，人民解放军第十八兵团也从宝鸡等地突破国民党秦岭防线，挥师南下，其先头部队——解放军第十八兵团某部侦察兵一行9人，于11月底即已抵达洋县北区华阳,此地距洋县县城不过百里之遥……

解放军南北压境,兵临城下,县城顿时乱套了。洋县最后一届国民党政府,自感末日在即,上上下下惶惶不可终日。县长齐志瀚,本来最后关头还想效忠"党国"垂死挣扎一番,可是,当听到驻守本县的国民党陕南暂编纵队第三总队公开宣布起义,而本县自卫团第一、第三两个中队共260多人又四散奔逃、纷纷投诚时,他只好放弃早前谋划的县府撤退时定要实施的所谓"三光"政策,毕竟逃命要紧……

孙玉兰至今记得,洋县解放后那年过年,她第一次穿上了崭新的、没有补丁的棉袄棉裤,那是担任村农会主席的父亲,专程从县城洋州镇"办年货"买回来的。

从前穷苦人家年关难过,一家老小啼饥号寒,不是放债人堵门,就是自己出门躲债,然而躲得了初一,躲不过十五……如今穷人翻身了,扬眉吐气了,咱们也能像村里的大户人家那样,噼噼啪啪炸响喜庆的鞭炮,而且一口气炸了两挂!

就在大年三十深夜,同村一个妇女来到农会主席孙永祥家。那天飘着雪花,来客是顶着一身雪花进门的。

孙永祥事后告诉女儿:刚才那个妇女是来打听有没有她小儿子的消息的。只要听说村里有当兵的回来了,她就上门询问见到她小儿子没有。她的小儿子至今生死不明。之前洋县地下党传来消息,原来小儿子在1948年就参加中国人民解放军了,只是现在可能已经"光荣牺牲"了……她可能是"烈属",你要尊敬她——所以从今往后,

第一章　部队来信

村里要给她优抚待遇——虽然只是每年发半斤盐,但也是全村人对军烈属的一片心意!

"烈士哥哥叫什么名字呢?"

父亲说:"他叫张富清,你要记着!"

孙玉兰那时不识字,根本不知道"张富清"三个字怎么写——是富清还是福清,或者福庆?……

哎,老百姓的名字反正差不多,记住个读音就足够了。

孙家和张家相距不太远,算得上邻居,两家人互有来往,知根知底。

孙玉兰先是陪着父亲,前往张家慰问"烈属",慢慢地不但她对张家所有人都非常熟悉,而且张家母亲对她也是了如指掌,可以说是看着她一岁一岁长大的。后来,孙玉兰入了团,当上村妇女主任,慰问军烈属就是她的职责所在了,村里过年时发的半斤盐,每次都是她亲自送去的。

怀着好奇,更怀着敬意,孙玉兰想象着一个青年军人的形象:

一个穷苦人参加解放军,那是为了广大劳动人民翻身得解放,那是为穷苦人打仗,为自己打仗,为了像自己一样的穷苦人不再受苦受难。他一定不怕死、不怕苦,非常勇敢、非常坚强……

孙玉兰年龄不大,也没见过张富清,可她已经有了对邻居哥哥的评价:

首先,他是父母的好儿子、难得一见的大孝子!

他还是英勇的解放军战士!

是的，尽管张富清早已被乡亲们视为"烈士"，多年生死不明，可孙玉兰仍然在默默幻想，默默祝福：

要是万一没死呢？活不见人，死不见尸嘛！

如果还活着呢？但愿！

要是有一天，他骑着高头大马，突然回到村里呢？

……

二

1953 年，孙玉兰 18 岁……

按照 1950 年颁布的《中华人民共和国婚姻法》，男 20 岁、女 18 岁，就是法定结婚年龄。

虽说 18 岁的孙玉兰入了团，当了村里的妇女干部，但是直到这年过年，她还没对象呢！

这一年大年三十，一个雪夜，一个青年军人徒步走进双庙村。

不必问路，也不见犬吠，他拎着大包小捆的行李，不声不响推开了张家大门。

不一会儿，只听见张家人声鼎沸、哭声四起。孙玉兰跑到门口瞧了一眼，以为"烈属"之家出了什么大事，立即拿起手电筒冲出家门，踏着满地冰凌，咔嚓咔嚓直奔张家……

原来是张富清回来了，"烈士""死而复生"了，分离多年的母子正抱头大哭！

第一章　部队来信

"富清啊,你看谁来了?"

张富清抬起泪眼一瞧——后来他告诉孙玉兰,当时他就觉得自家大门变成了一幅画的画框,背景是风雪弥漫的暗夜,中间站着一个俊俏的大姑娘……

不不,是仙女下凡了!

"她是孙家的玉兰,每次过年政府给军烈属发的半斤盐,就是她一家一家送来的。"

张富清站起来,恭恭敬敬地敬了一个军礼。

"感谢你!感谢政府!"

一边说着,一边就从军用提包里掏礼品。由于事先没做给这个邻居小妹送礼的准备,他只好拿出一个笔记本——一看就是部队用品,可惜已经写上张富清的大名了。

"这个本子……你拿去用吧。"张富清紧张地说,"你做个纪念……我已经写名字了……你把它涂掉……写自己的名字……"

孙玉兰大惊:"你会写字?"

"速成中学教的,简单的字会写……我们年轻人,一定要好好学习文化!"

孙玉兰收下了。几天之后,她就回赠张富清一双鞋垫。她知道人情需要人情偿还,于是连夜赶工,做了一双鞋垫,还绣了几朵牡丹花,从脚跟开到脚尖。

张家和孙家都是翻身穷人,看到两人相处融洽,且觉得两家门当户对,于是决定给他们订婚。按照老规矩,男方需请一个媒人,带上礼物到女家说合；然后男女双方见面交谈，如果双方满意，女方则到男家"见屋子"（俗称"小见"），也就是看看你房子大小啊，水井远近啊，家里人为人处世如何啊……然后在介绍人的主持下，双方择日订婚（俗称"大见"）……

但如今是新社会，许多烦琐的程序都省掉了，比如张富清和孙玉兰的订婚，介绍人只是名义上牵个线，就算完成任务了。

第二天两人便见了面。

孙玉兰回忆说，虽然此前他们已经见过面，但那只是普通的交往，与这种明明白白的相亲还是不大一样。

孙玉兰原来只看见对方戴着军帽，显得格外精神抖擞；一身军装穿在身上，显得格外神采奕奕。

此刻才看清，张富清虽然个子瘦小，但长得干干净净，手脚结结实实；而且不大像那种打打杀杀的赳赳武夫，一说话就面带笑容，性格温和。

"你在当兵，我知道你立过功的，有没有加入组织呢？"

"1948年就入党了。"

"哦！"

接着，孙玉兰又问了一些其他的问题，比如什么时候退役啊。他说，服从组织安排。

总之，她对张富清挺满意的：这个人，问到什么说什么，一点也不吹嘘什么、炫耀什么……

父亲孙永祥很关心女儿的婚事，有时间几句，孙玉兰便对父亲

第一章　部队来信

说："我看中他思想纯洁，为人正派。"

60多年后，张富清坐在孙玉兰身边，笑微微地说："我参军那时候，全国还没有解放，同乡都认为我不在了，死了。解放以后，我突然回去。回去后两人见了面，互相认识。有介绍人，但介绍人没说太多的话。我和我爱人两个人都没有什么意见，我喜欢她，她也喜欢我。"

见95岁的老伴说起"喜欢她""喜欢我"这样火热的词，84岁的孙玉兰轻抚着爱人的断肢处，咯咯直乐："他不跟你讲嘛，后来知道了，也感觉到高兴，他是一个战斗英雄。就感觉到，他是个更好的人。"

在张富清探亲归队之前，在介绍人主持下，两家人正式约定了婚期：

1955年过年之前，张富清回村完婚。

三

1954年，孙玉兰19岁……

这年初冬，大约是公历12月末，反正是1955年元旦前的某一天，一封写给"孙玉兰同志"的信，从湖北省武汉市寄到陕西省洋县马畅镇双庙村来了。

"信是部队上寄来的。"从马畅镇上把信捎回村的人说。

部队？毫无疑问就是"张富清同志"了。

孙玉兰接过信，不禁脸热心跳，也不敢多看一眼，急急慌慌就揣进口袋里。

那时候孙玉兰还识字很少，也就是刚刚脱离了"睁眼瞎"。

当然，她和张富清的名字还能勉强认得，只是会认不会写。

对于孙家来说，张富清的来信自然是一件大事。晚上，父亲特地请来一个识文断字的亲戚，全家人围坐在一起，看他慢慢吞吞戴上老花镜，听他摇头晃脑地读信。

张富清在信上说，这是他自己执笔写的第一封信，也是在部队文化速成中学学习的最大收获，尽管可能还有错别字，但他的意思是可以表达的。

其实亲戚的识字水平也不高，连猜带蒙地一边读信一边讲解，孙玉兰和全家终于知道了张富清面临毕业，即将退役转业的消息。

他说他有三种选择：一是可以选择留在大城市，比如武汉，多家机关、工厂都有要人的意愿，如果选择留下来，生活优裕，发展空间更大。

二是选择回陕西老家，在汉中或者洋县参加工作，和孙玉兰组成温馨的小家庭，陪伴望眼欲穿的老母亲，尽点孝心。

还有第三呢？

第三是坚决服从组织安排，哪里需要就去哪里。

当时，恰逢新中国成立初期，建设事业百废待兴，各行各业人才匮乏，尤其是那些山区、边区、少数民族地区，更是急需大批党组织培养多年、受过部队训练的革命干部。

第一章　部队来信

其实在心里，孙玉兰暗暗盼望张富清能选择第二种，也就是回老家工作。不但他可以孝敬母亲，自己也可以就近照顾父母。

孙玉兰拿着信，由父亲陪着去见张富清的母亲。

张家人也没有识字的，父亲便把信中内容大致讲解了一遍。

一听亲家说张富清要转业了，张母顿时高兴得合不拢嘴；又听说转业也可能不回家乡，要到外省工作，老人家立刻就神不守舍，泪水盈眶……

直到临近1955年农历新年的一天，孙玉兰又收到张富清的一封信。

像前次一样，父亲恭恭敬敬请来亲戚"读信"。

但这回全家人一下子听懂了，彻底明白了：他已决定不回老家了，他要响应上级号召支援地方社会主义建设，并且他说不回来完婚了……

孙玉兰吓一大跳！

你倒好，说不回来就不回来，但是两家人为我俩筹备的喜事怎么办？你母亲专门喂了一头大肥猪，一瓢一瓢精心喂养，生怕一餐没吃饱耽误长肉，就为了我们婚礼时，能把全村父老请来吃酒，请大家到旧社会的长工、新社会的主人家里来，不为大吃大喝，就想热闹热闹……

再说，我的嫁妆也备齐了……

可是，你竟然不肯回来！不回来还找个什么理由搪塞……想要悔婚咋的？

父亲恳请亲戚再读一遍，读慢一点……

亲戚说："意思很清楚，他希望玉兰开个介绍信，到武汉去完婚。"

大家沉默了。

武汉？孙玉兰全家没有一个人知道武汉在哪里。

双庙村也没有一个人到过武汉。

亲戚属于见多识广的，他说："你顺着汉江往下走，走到尽头就是武汉市。"

父亲问孙玉兰："你一个人敢去啊？"

19岁的孙玉兰正是处于对大城市充满好奇，而且天不怕地不怕的年龄，她自信地说："他叫我去我就去。我先去玩几天再说！"

但是父亲不放心："富清是见过大世面的，还是写信，叫他回来接你去！"

"不！他肯定是工作忙才叫我去的。"孙玉兰又对亲戚说，"麻烦您把他学校的地址写在纸上，我随身带着。另外帮我给他写一封信，告诉他我去找他了。"

见女儿决心已定，从没出过乡的母亲吓得抽抽噎噎哭起来："……你没出过远门，又是个女孩子，要是被人拐跑了……"

孙玉兰一听笑起来："谁敢拐我呀？这是新社会了，人民当家作主了，妈！"

离开家乡前，孙玉兰去乡里开介绍信。一问情况，乡书记看着两手空空的她问："就这么去啊？傻闺女……你这一去不知道要什么时候才能回来！"

第一章　部队来信

那时候她没有听懂书记的话。

急急忙忙地,她穿上一件作为嫁妆的新棉袄,告别了父母,告别了未来的婆婆,带上几包洋县土特产,背上几个馍,就糊里糊涂上路了。

孙玉兰从没出过县界,更没坐过长途车,现在却要孤身上路,跨省赴汉了。

先是搭上货车翻过秦岭,再坐火车南下汉口。

好在多少认识几个字,"路在嘴上",她从陕西一直问到湖北,问到武汉。她晕车,严重晕车,晕得吐了一路,胆汁都吐出来了,还有血丝。

在汉口火车站,见到张富清——她的心上人的时候,她腿是肿的,手是肿的,脸就更肿了,张富清差点没认出她来!

差点没认出这个为了爱情千里奔袭的"柴火妞"!

张富清已在车站等候三天了。

他收到了孙玉兰出发前请人写的信,但不知道他的玉兰究竟啥时候到武汉,又无法联系,不得不揣测着大致到汉时间,每天到火车站守候。他每天白天坐轮渡从武昌到汉口——那时长江仍然是一道天堑,一桥尚未飞架南北——晚上又从汉口回到武昌的文化学校。

现在,长江就在眼前。汽笛长鸣,轮渡像一座高大敞亮的楼房,缓缓行驶在宽阔浩瀚的大江上。

直到小两口在学校操场上坐下来,孙玉兰才一五一十转告了双方父母对他的思念,对他工作前途的期望,劝他要么选择第一种——

留在大城市，比如这个两江交汇的武汉市，就非常不错；要么选择第二种——回陕西老家……

"你呢？"张富清问。

"我？"孙玉兰不假思索地回答道，"我内心愿意你回老家，我是打算来玩几天就回去的……"

"谁不想到好一点的地方？从内心讲，我也想回陕西老家，但我没有说。因为我是党的干部，就应该听从组织召唤，到艰苦地方去。"张富清平平静静地说。

"那我听你的！"

孙玉兰说到做到，一辈子夫唱妇随。

在命运的十字路口，张富清最后选择的不是第一种、第二种，而是第三种：响应党的号召——到祖国最需要的地方去，到边疆、山区去！

到湖北省最偏远最艰苦的恩施去，到恩施所属八县中最原始最苦寒的来凤去，到那个三省交界、崇山峻岭的武陵大山去！

这一去，便是一辈子！

第二章

你加我，就是一个家

他们打完仗不能回家了，无影无踪、尸骨无存，不能孝敬父母了，也没有结婚，没有像你这么好的妻子……

——张富清

长江上，武汉—巴东

第二章　你加我，就是一个家

一

1955年1月16日，农历小年，张富清终于买到了两张18日从汉口起航、终点巴东港的大型客轮船票。

两个三等舱，20日在巴东码头靠岸。

时近春节，武汉港客运大厅里人山人海，他在排队长龙中老老实实排了三个多小时才靠近售票窗口。售票员见他一身军装，倍感亲切，立即笑脸相迎。拿到票，他大步走在沿江大道上，急慌慌要到小旅馆跟孙玉兰会合。

明天腊月二十四，正是他30岁生日。时间刚好——让他和新婚妻子在武汉过了生日再走！

小旅馆在江汉关钟楼附近一条巷子里。昨天他们在这里住了一晚。旅馆服务员对他们特别友善，一看是穿军装的，马上给了一间两张床的房间，连孙玉兰的介绍信也没看。

为什么武汉人民对解放军特别亲切呢？张富清心里明白：这都是因为在几个月前、在历时100多天的1954年武汉抗洪中，数万驻汉官兵作出了突出贡献，武汉人民感谢解放军！

"不是说今天就坐船吗？"孙玉兰问。

"船票太紧张了，今天的和明天的都已卖光，后天这两张还是别人的退票,售票员看我穿着军装才卖给我的。"

孙玉兰非常担心:"多住两天,那得多花多少钱啊!"

张富清笑笑:"这不正好陪你在武汉玩两天吗?钱你别操心,我们两个够用。"

孙玉兰感到幸福:"你是故意的。别以为我不懂!"

"还真不是故意的……"

"明天就是你的生日呀!咱娘早告诉我了……"

张富清凝视着一朵花似的"小老乡",腼腆地承认道:"就算我是故意的吧……你怎么说都好!"

于是,30岁的张富清和19岁的孙玉兰手牵手,肩并肩,在江汉路、六渡桥一带闲逛了两天,第一次见识了大都市的繁华与拥挤、发达与喧嚣……

还有那些四通八达的街巷、古色古香的建筑、鳞次栉比的商店、熙熙攘攘的人群……

在江汉路一家服装店,张富清说什么也要给新婚妻子买一套衣服,孙玉兰欣然答应,于是两人进店挑选。哪知这个店门面虽小,却越走越深,越走越宽,各个季节、各种样式、各种价钱的女式服装成千上万,墙上挂的、货架上摆的、摊子上堆的,甚至不止成千上万,哪怕你挑花眼睛,也很难拿定主意要买哪一件!

"还是我们当兵的好,不用买衣服!"

张富清有点"幸灾乐祸"。

孙玉兰没买到中意的衣服,有些失落,正好借机嘴不饶人:"你

第二章　你加我，就是一个家

都转业了，还想部队发衣服啊？"

走到中山大道一家皮具商店门口，张富清说："买票时看到很多人都拎着行李箱，我们也买一个吧！"

我的妈呀，天下的箱子都集中在这里了！

张富清和孙玉兰看看这选选那，商量来商量去，斟酌贵还是不贵，买还是不买，最后，张富清看中一只棕色皮箱。

"你要喜欢你就买！"孙玉兰说。

张富清却想听听新婚妻子的真实想法："你呢？你是不是喜欢呢？"

孙玉兰看看箱子，又看看身边的丈夫，真心诚意地回答："你喜欢，我就喜欢。"

回到旅馆，关上门，张富清拿出三枚勋章，一枚一枚摆在孙玉兰面前，神情多少带着点自豪，说："这个是不让别人看的，只有你是例外。"

孙玉兰一枚一枚拿在手里，正面背面仔细端详，但她识字不多，需要张富清帮她一一解说。

第一枚奖章上，"人民功臣"四个字特别显眼，上方是鲜艳的五星红旗和毛主席像，这是西北军政委员会1950年颁发的"人民功臣"勋章。

第二枚奖章，五星红旗映衬着巍峨群山，奖章上刻着"解放西北纪念章"。

第三枚奖章，正中是红色的五角星和天安门，稻穗和长枪交叉，位于天安门下，意味着保卫祖国。

张富清把军功章、奖章、纪念章和其他重要证书，都用红布包好，小心翼翼放在箱子的最底层。

"从今天起，这些东西就算封存了，"张富清对孙玉兰说，"藏在箱子里，今后你我都不要再提！"

孙玉兰感到奇怪："这都是你的功劳、你的贡献啊……"

张富清沉吟片刻，动情地说："党和部队给了我这么多荣誉，我又作了多大贡献呢？想想那些牺牲的战友，想想我自己，真是太惭愧了。他们都看不到这些荣誉了，比起他们，我做得太少……可我还活着，还当上正连级军官，还有了你这么好的妻子……"

说着说着，眼看就要激动流泪了，孙玉兰赶紧抓住他的手："我本来打算玩几天就回去的，现在票都买了，我答应跟着你到山区去，你到哪儿我就跟到哪儿……还有什么不满意吗？"

"怎么会不满意呢？我满意得很！幸福得很！你一个人跑到武汉跟我结婚，过年也不回家，一心跟我去恩施，我还能不满意啊？"

"那你哭什么？"

张富清抹了一把眼泪："我没哭，只是心里难过，越是高兴越是难过……我是想起了那些牺牲的战友……他们没看到解放，没看到天安门，也没有亲自受奖，有的甚至连名字都没留下……"

他一双泪眼凝视着妻子："玉兰啊，那些无名烈士们，有的跟我一样年纪，许多比我还小，才十八九岁……可他们打完仗不能回家了，无影无踪、尸骨无存，不能孝敬父母了，也没有结婚，没有

第二章　你加我，就是一个家

像你这么好的妻子……"

1955年1月17日，农历腊月二十四，正是张富清跨进"而立之年"的30岁生日，他和孙玉兰买了一只皮箱，把他的军功章、立功证书、报功书等贵重物品全部封存起来。

在这里，在汉口江汉关附近一家小旅馆里，张富清把战功和荣誉，把战火纷飞的戎马岁月，统统装进那只新买的皮箱，严严实实盖上，不动声色地锁了起来……

二

凌晨5点，当江汉关钟声敲响，洪亮悠扬的乐曲响起时，张富清和孙玉兰，早已手牵手肩并肩走到武汉港客运大楼。

这里人潮涌动，不论是楼前广场，还是候船大厅，早已挤满了人！

他们的船是长江大型客轮"民众号"，此刻已经停泊在码头前的江面上。这哪是一艘船，倒像一座巍峨的大山！

"民众号"隶属于公私合营的民生公司，1954年3月下水航行，是新中国自行设计建造的第一艘航行川江的大型客轮。

"这么多人，后悔了吧？"

"后悔什么？"

孙玉兰说："本来坐汽车也可以到恩施的，从宜昌转车，你非要买船票！"

张富清笑了:"这你就外行了,我研究了半个多月。坐长途汽车可以到宜昌,然后坐轮渡过长江,再坐汽车到恩施。但是坐轮船可以直接到巴东,在巴东坐汽车去恩施,不必在宜昌停留。虽然轮船比汽车慢,但票价便宜,最大的好处是空间宽敞,有卧铺,比汽车舒适……你不是晕车吗?轮船保证不晕!"

孙玉兰心里一热:他可真是心细啊!

后来证明张富清说对了,她晕车,但不晕船!

他们在武汉港等了几个小时,8点30分轮船才鸣笛起航。

上世纪50年代,长江作为中国中部的黄金大通道,无论是客运还是货运,都非常繁忙。

正值年关,许多人要赶回家过年,拖家带口大包小捆的,客轮上的旅客比平常多得多。

作为正连职的转业干部,又是带着新婚妻子第一次坐船,张富清买的是三等舱。

三等舱,属于中等偏上了。

客舱共分五等,一般旅行买个四等舱足够了。因为四等及以上都有床位,等级越高,每个客舱住人越少,比如特等舱,就是单人间还带客厅。至于五等舱,其实没有舱位,你可以租借草席,在船头船尾甲板上、走廊边、楼道里,甚至在厕所旁,凡是可以容一席之地的地方,都是可以坐可以睡的。

初上船时,孙玉兰就发现了张富清打量那些草席的怪异目光。

果然,起航没多久,张富清就跟孙玉兰商量:"我们两个人不

第二章　你加我，就是一个家

必占两个床铺，在舱内留一个床铺，另一个给老百姓。"

孙玉兰想得多些："我们要坐两天船，不能两夜不睡觉。五等舱多是短途，一会儿就下船了。"

"先让一张床给别人睡，等他下船我再回来睡吧！"

说着，他就拉着新婚妻子来到走廊，看到有个老人蜷缩在地上一个角落里打鼾，于是蹲下身，告诉老人家他是解放军，说他有个多余的床铺，让老人去舱里睡。

老人将信将疑，看到张富清帮他把一个麻布袋子先提起来了，特别是看到他穿着军装，身旁的姑娘也像是好人，老人这才千恩万谢进了舱门。

"多谢解放军同志！多谢多谢！"

老人是短途吗？不是，他一直到宜昌港才下船。

到了晚间，张富清就和孙玉兰两个人共一个铺位，轮流休息。

不过也有收获，而且是很大的收获：老人说，从巴东到恩施的车票非常紧俏、非常难买，一等十几天的都有。可他有个亲戚在巴东客运站工作，可以托他买票。

老人让张富清拿笔记下他的名字，热诚地说："你只要报我的名字，他一定帮忙。因为我是他的嘎嘎！"

"嘎嘎？"

张富清和孙玉兰都没听懂。

旁边有个乘客笑着解释道："嘎嘎就是外公外婆嘛！这是鄂西一带的方言。男嘎嘎是外公，女嘎嘎是外婆。你们去巴东找的人，是老人家的外孙。"

于是，张富清在笔记本上又记下老人外孙的名字。

孙玉兰看到丈夫动不动拿笔写字，写得不假思索，写得龙飞凤舞，心里既高兴又羡慕。

"你要当我老师！"

孙玉兰正式提出请求。

此刻，小两口站在甲板上，手扶栏杆，相依相偎眺望万里长江。

"哪有学生当老师的？"

"你不是毕业了吗？"

"毕业是毕业了，但是水平有限啊……"

孙玉兰不满意了，扭头质问道："咱们不是成家了吗？"

"是啊，你加我，就是一个家嘛！"

"还没听明白呀？"孙玉兰佯装生气，忽然揪住张富清的耳朵，"我是妻子，命令丈夫教我识字！"

"啊？命令……"张富清立刻会意，甜蜜地笑了，"保证完成任务！"

他脚跟一碰，举手敬礼。

三

在武汉的中央军委防空部队文化速成中学完成两年文化学习后，张富清已经习惯用笔写字记事了。

第二章　你加我，就是一个家

当兵之前他是文盲，勉强能写自己的名字，但常常写得"缺胳膊少腿"，只怪三个字笔画太多，而且笔顺也写不对。

记得刚到武汉时，在武昌南望山下一间学员教室里，学校组织了一次文化程度摸底考试。

实际上就是测试你会写多少汉字。

学校首长说："大家都是从枪林弹雨中走过来的，不少同志是战斗英雄。你们本是打算参加抗美援朝的，一心要跟美国鬼子拼命，但是现在来到文化补习学校，有的说什么抗美援朝不过江，有点丢人。

"当然，想上战场打仗的积极性很好。但是，我要告诉你们，这里同样是一个战场，我们必须立即投身到一场快速提高干部、战士文化水平的战斗中去！这是一场关系到我军能不能快速实现现代化，从而打败一切敌人的战斗！

"在朝鲜战场，我们的志愿军用血肉之躯和美国的飞机大炮对抗，迫切希望我军快点实现现代化。但是一个半文盲的军队，是无法实现现代化的。

"在工农业建设第一线，同样需要我们迅速提高科学文化水平，迅速掌握科学文化知识，否则，建设社会主义就是一句空话，建设现代化国家也是一句空话。

"所以尽快提高广大指战员的文化水平，刻不容缓。在这场文化大进军中，部队希望你们像打仗一样敢打敢拼，像冲锋一样占领社会主义的文化高地！"

首长动员之后，教员给每个人发了一支笔和几张纸，要求在一小时之内，写下自己会写的汉字，越快越好，越多越好，但是不要重复。

张富清一下子懵了。除了自己的名字，他很少动笔，也不知道究竟能写几个字。他不会写家信，不会读报纸……一个小时冥思苦想，绞尽脑汁，从年月日到一二三四五，能想起来的全都写上了，一张空白纸上被他画得乱七八糟，但是，总共还没凑到一百个字，而且，多半还是错的……

事后，教员并没有公布每个人的写字成绩，恐怕也是考虑到大家的自尊心吧……

但是，通过这一次测试，张富清知道了自己的斤两，知耻而后勇，他发誓要打赢文化补习这一仗，在那个战场上不怕死，在这个战场上不怕苦！

班上有个老大哥当过红军，资历很老，也是大字不识几个，扁担倒在地上不晓得是个"一"字，张富清便和他结成对子，互学互帮，取长补短，一有时间就出题考对方，一边吃饭，还一边拿筷子倒过来，蘸点水在桌上画字……

张富清和老大哥都进步很快，半年时间就达到高小毕业水平了，多次得到教员表扬。有一次默写课文，他们还先后被叫到黑板前，给大家作示范……

有一次老大哥和张富清谈心，发自肺腑地说："当兵打仗，怕死不行，但是没有文化知识也不行，特别是像抗美援朝这样的现代武器的战争,我们连个地图也看不懂、记不住,怎么指挥作战呢?"

老大哥说,他经常晚上都睡不着,常常梦到有那么一天,我们的部队指战员个个都能识文断字,都有较高的文化水平;有一天我军实现了现代化,死也就瞑目了!

张富清受到极大震撼,极大刺激,从此学习上更加自觉、更加刻苦……

两年学习下来,到了结业考试,张富清各门功课均取得优秀成绩:语文、算术、自然、地理、历史等各科,全部都是 4 分以上。当时实行 5 分制。

但生姜还是老的辣,老大哥更厉害,语文和算术都是 5 分!

四

船到荆江,广播里开始讲述"万里长江,险在荆江"的故事……

刚听几句,张富清就拉着孙玉兰跑到舱外,他要亲眼看一看荆江到底险在哪里,为什么说万里长江,险在荆江。

他想看看高出地面十几米、护卫着辽阔江汉平原的荆江大堤!

他想看看荆江分洪闸是个什么模样;为什么它一分洪,就能降低武汉关节节暴涨的水位。

是的,1954 年,他是武汉市 30 万抗洪大军中的一员!

1954 年,长江遭遇全流域性特大洪水。冲向武汉的洪水流量达 7 万立方米每秒,相当于黄河、淮河、海河三大水系总流量的 10 倍,

29.73米的水位前所未有！比1931年的破堤水位高出1.45米！

当时，新中国刚成立不久，百废待兴，旧社会留下的136公里武汉堤防残缺不全，好的高度只有29米，差的只有26米左右，大武汉面临生死存亡的严峻考验！

因为，1931年长江大水，武汉三镇一片汪洋，市区平均水深达3米，最深的地方达到5米。武汉全境在水中泡了一个月之久，受灾人数78万人。而整个长江流域，死亡人数达14万人，受灾人口2850万人。

但是，当1954年的特大洪水，以远超1931年的规模汹涌袭来时，它面对的不再是腐朽无能的旧中国，而是人民当家作主的新中国！

党中央领导人民迎战大洪水，保卫大武汉，一场史无前例的人与洪水的战争轰轰烈烈打响了！

当武汉关水位逼近警戒线时，中央就已下达紧急指示："竭尽全力，抢救危关。"政务院副总理邓子恢代表中央负责领导武汉的防汛工作，成立了由湖北省和武汉市党政军领导组成的武汉防汛总指挥部，七个分指挥部和采土、采石、水上指挥部相继投入紧张的工作。

前方30万防汛大军战斗在堤防第一线，后方31万人组成1359个服务小分队，随时待命支援补充前线的突击队和预备队，为防汛大军提供生活保障。

武汉汛情牵动全国，全国各地紧急调运各类抢险物资。一台列车发电站，连同它的130名职工，也从山西华北电业管理局运

第二章 你加我,就是一个家

来了……

驻汉陆海空三军部队出动1.36万人,昼夜奋战在长江沿岸,哪里有困难就奔向哪里,哪里有危险就冲向哪里……

在长达三个月的抗洪救灾中,驻汉部队共抢救遇险群众6.8万余人、抢运粮食38万多公斤,有54个单位被评为抗洪救灾"红旗奖"单位。

军校学员张富清就是抢筑大堤、搬运沙包的军人之一。

他所在的学校,也是抗洪救灾获奖单位之一。

但他只字不提自己也参加了抗洪。虽然时间不长,只在大堤上战斗了一个星期,但是下堤回校时,他已经被晒得脸上黢黑,胡子老长,军衣磨破了,肩膀也磨破了……

但张富清觉得这都没什么,比起战争年代吃过的苦、受过的累,这简直不值一提……

当轮船经过荆州古城,广播里正在介绍古城对岸的荆江分洪工程时,张富清顿时来了精神,和孙玉兰谈起了这个工程的奇异之处——

"你想想啊,荆江分洪工程是1950年毛主席、周总理亲自批准修的,由长江水利委员会设计,30万军民一起修建,1952年4月5日开工,75天就完工了。当时没有洪水,但是工程完工之后刚过一年,1954年百年未遇的特大洪水就来了,分洪工程马上派上用场!"

孙玉兰说:"这不奇怪,科学家早就算好要发大洪水的。"

"怎么可能!洪水只可以预测当年的,而且不一定能准确预测,提前几年就算好1954年发大水啊,神仙也做不到嘛!"

孙玉兰想不出来为什么,睁大一双清澈的眼睛,期待见多识广的丈夫揭开谜底。

"那你告诉我嘛!"

张富清说:"其实说奇怪也不奇怪,这都是共产党一心为人民的结果!"

他说,1949年新中国一成立,党中央就在考虑如何治理长江洪水了!

1949年5月16日武汉解放,中央就立即决定在武汉成立长江水利委员会,专管长江的事情,主要是整修堤防,对付洪水。

其实1949年的长江洪水也不小,荆江大堤几乎破堤,江汉平原受灾严重。解放军大军南下,国民党军队闻风而逃,哪管救灾呢?甚至故意炸开堤防,淹死老百姓!

共产党一来,首先抢险救灾!

马上研究修建荆江分洪工程,似乎是神机妙算,其实是顺理成章!

"1954年的特大洪水百年一遇,我们为什么能够战胜它呢?"张富清无比自豪地说,"因为咱们有党的英明领导,我们每一个战士,都是长江的钢铁卫士,我们每一个党员,心中都装着人民!"

第二章　你加我，就是一个家

五

在长江上航行两天后，1955年1月20日一早，"民众号"抵达巴东港。

下船上船的人都多，好不容易挤上岸，孙玉兰抬起头一望，顿时吓出一身冷汗：

"我的个娘啊！"

原来，脚下陡峭的青石阶梯仿佛冲天而上，直插晨雾笼罩的山城。那些大大小小的房子，全都像是一个个挂在山间的盒子。

"这就是山区啊……"

张富清不禁感叹了一声，便一只手提着皮箱，一只手牵起妻子的手，鼓足干劲，顺着石阶一直往上爬……

第三章

恩施在哪里，来凤在哪里

到地方工作，一定要对群众热情，要谦虚，向他们学习，和他们打成一片，不然怎么为他们服务？

——张富清

巴石公路，巴东—恩施

第三章　恩施在哪里，来凤在哪里

一

到了巴东码头，就到了从长江进入鄂西南莽莽大山的重要关口，就到了恩施地区的大门口！

1949年，恩施地区的一个崭新时代是这样开始的：

1949年10月下旬，中国人民解放军湖北军区成立鄂西南指挥所，发起以解放恩施为中心目标的鄂西南战役。

1949年11月3日上午，湖北军区独立一师解放巴东县城。

当天中午，湖北军区独立二师由师长王定烈、政委李人林率领，抵达巴东以南的娃娃寨。

娃娃寨位于巴东县绿葱坡北界村，海拔约1700米，因山形恰似一个昂首挺立的娃娃，故此得名。

娃娃寨号称"巴东的雄关故道"，实际上是巴东码头自陆路入川的一条咽喉要道，也是川东鄂西南的一道天然屏障。

娃娃寨四周山坡陡峻，小路崎岖，自古易守难攻。

要解放恩施，必先攻克娃娃寨！

此时，国民党军队一二四军六十师两个团的兵力在此扼守。虽然兵力不多，但早已构筑了坚固的工事，布置了强大火力网，企图凭借天险阻击解放军前进。

11月3日中午，独立二师八团到达预定地点与敌军交火。一开始战斗就很激烈，几次冲锋都在攻至半山腰时被敌人火力压回，冲在最前面的二营五连伤亡很重。

为了解地势，王定烈师长请来当地土家族农民带路，决定由八团担任主攻，四团大部绕娃娃寨北面迂回进攻，四团二营四连则从山腰隐蔽包抄敌人阵地。

王师长一声令下，我们的战士一跃而起，冒着敌人的炮火冲上山去，娃娃寨顿时炮声隆隆，杀声震天！

经过近三小时的激烈战斗，解放军攻占了娃娃寨，实现了鄂西南首战告捷，也为解放大西南拉开了序幕！

娃娃寨之战打开了恩施解放之门，解放军乘胜追击，长驱直入，野三关、龙潭坪、茅田镇、建始县城、白杨坪、龙凤坝，挺进恩施，所向披靡！

11月6日黄昏时分，独立二师急行军到达恩施龙凤坝，遭遇敌军二二三师警卫营，立即将其击溃。

傍晚，独立二师分三路进攻恩施县城：

一路乘木船渡河；

一路从清江河浅滩涉水过河，进入老城区；

一路冲过清江桥，攻占凤凰山、五峰山——只在六角亭（原恩施县政府所在地）打了十多分钟，敌兵就向解放军缴械投降了……

11月6日当晚，恩施县城宣告解放！

11月18日，包括来凤县在内的恩施地区八座县城全部解放！

第三章　恩施在哪里，来凤在哪里

12 天之后，11 月 30 日，解放了的恩施城就开出了解放后第一辆客车。

不用说，解放后第一辆客车，走的就是这条年久失修、颠颠簸簸的巴石公路（巴东—咸丰石门坎）……

二

60 多年之后，95 岁的张富清还记得 1955 年巴东码头的样子：

"一上岸，好多背脚子（背夫）就拥了上来，问我需不需要背行李。我说不要，因为我的行李不多，就只有一只皮箱，不需要他们帮我背到山上的街上。"

84 岁的孙玉兰也记得，许多背着背篓的当地人都在码头上挣点力气钱。

"每个人都背着背篓，男的女的身上都有背篓，那是我第一次见到这种背篓。到了来凤才知道，背篓是山里人必不可少的工具，妈妈背孩子，男人背柴背米，反正一天也离不了。现在也是这样，就像你们的提包。孩子背在背篓里，他可以站着，自由活动，也可以趴在妈妈脊背上睡觉，比城里拿布带子绑在身上可强得多了！大街上你可以用婴儿车，可是山区到处都是坡呀坎呀台阶呀，只有背篓最好。背篓透气呢！不过也有麻烦，要是孩子在背篓里撒尿，那就直接撒到你背上了……"

在 1955 年春节前几天的巴东码头，除了对"背脚子"有印象，

张富清还记住了几句"背脚号子":

> 太阳出来又落阴,
> 郎背背篓妹担心。
> 日落西山早歇店,
> 鸡叫天明早起身。
> …………

巴东码头历史悠久。

早在北宋年间,寇准在巴东任知县时,他把县城从江北搬到江南,就在这里建了码头,供来往长江南北的小木船停靠。晚清时期,这里已有七处停靠木船的码头。1935 年建成轮船码头后,汉口运来的布匹和日用百货,运往恩施的盐巴,运出恩施的粮食和土特产品,都要在这里上船下船。

新中国成立后,巴东码头获得新生,长江上的来往客轮、大小货船都可在此停靠。

巴东县城也随之热闹起来。

从码头上岸,沿着陡峭的"礓磋子"(台阶)一路直上,就是当地人口中的"扁担街"——县城唯一的一条街道,街面很窄,两边屋檐几乎相连,下小雨时走路基本不用打伞。街两边多为木板屋,临街一层作为商铺,楼上住人。靠长江一边,则是用木柱支撑的一栋栋吊脚楼,一楼不住人,因为江水上涨会淹掉的……

第三章　恩施在哪里，来凤在哪里

那天，张富清几乎是拽着孙玉兰的手，一步一停、一步一喘，费了好大工夫，才把她从码头拽上巴东"扁担街"。

时值腊月二十七，小街上很热闹，两边摆满了各种摊子，到处都是背着背篓购买年货的农民，洋溢着喜庆的过年气氛。

在县城客运站，同样挤满了急于回家过年的人，巴东到恩施的车票已经卖到正月十五了，堪称一票难求、千金难买！

不过，孙玉兰不着急，她觉得这个地方挺有意思，既跟武汉有天壤之别，也和老家大不一样，说："我们就在巴东过年吧！"

但张富清急于赶路，他没有到此一游的心情，心里只有恩施、只有来凤，更有一步到站的急迫、一飞越过高山峻岭的渴望！

张富清忽然想起在轮船上遇见的那个老人，便去打听他的外孙。一问，就见到了客运站的最高领导，当即拿到一张车票——只有一个座位。

老人的外孙说："我的嘎嘎感谢你们助人为乐，把铺位让给他，他一到宜昌就打了电话来，让我无论如何帮解放军弄到车票。但是确实很困难，许多人都没有票，走不了，我就跟一个熟人做工作，挪出了这张票……实在搞不到第二张了，对不起！"

张富清万般感谢，急急拿笔写下自己的姓名："我要到来凤县去工作。到了来凤一定找我！"

老人的外孙一听，大吃一惊："到来凤工作？在巴东工作也比那边好哇！恩施八个县，就数来凤最偏远、条件最差！"

张富清说："条件再差，也得有人去工作啊！"

老人的外孙和张富清简单交谈几句，把夫妻俩送上一辆木炭车。

车上已经坐满了人，但司机还在添木炭烧炉子。烧了个把小时的炉子，木炭车才能点火发动。

刚要关门发车，那个老人的外孙又赶来了，给了孙玉兰四个橘子，给了张富清一个小板凳。

木炭车突突叫着，万分吃力地、步履艰难地爬行在巴石公路上。

新中国成立之初，你到恩施，只有巴石公路可走；若到来凤，只有咸来公路（咸丰—来凤）可行。

这两段公路总长不过300多公里，都是土石路面，却是整个恩施地区最早的公路，也是唯一的公路；其他各县，汽车的影子都没见过。

车到绿葱坡，眺望娃娃寨，不知是谁起头——也许是山民们看到车上坐着一位身穿军装的解放军吧，大家七嘴八舌说起了娃娃寨的激烈战事——那是解放恩施的第一仗，也是关键一仗。

张富清感叹道："攻打这样的高山险隘，上山只有一条小路，我们的战士一边爬山一边打仗，牺牲一定很多……"

"是啊，太惨了！"一个当地老人心有余悸，"死了不少解放军，山坡上到处是尸体，恐怕得有几十人。听说有个解放军是营长，带领战士往山上冲锋，就被国民党的子弹击中牺牲了。"

坐在前排座位的一个巴东县干部补充道："那天下午两点钟，解放军独立二师趁着大雾和小雨发起正面进攻时，由于娃娃寨居高临下，山顶上架着的又是机枪又是小炮，爬山冲锋的战士无处躲藏，

第三章　恩施在哪里，来凤在哪里

二营五连伤亡过半，包括副营长都在这里壮烈牺牲了！"

得知张富清是省里下来的转业干部时，这个巴东干部还自豪地说，他亲眼看到了五星红旗第一次升起在恩施上空。他清清楚楚记得，那是1949年11月20日下午，他曾作为巴东县的代表，前往恩施县体育场参加欢庆恩施地区全境解放大会。敲锣打鼓、鞭炮齐鸣，解放军腰鼓队和群众秧歌队载歌载舞，他亲耳聆听恩施地区第一任地委书记李人林和驻恩施野战军军长曾泽生等军地首长发表讲话，还观看了部队文工团表演的歌舞《血泪仇》和《白毛女》……

坐在吃力爬坡的木炭车上，张富清做了一个简单算术题：如果从11月3日上午解放巴东县算起，到11月6日恩施县城解放，总共不过四天三夜，而且多半时间里，战士们只能身背武器徒步追敌，凭着一双双穿着草鞋的脚翻山越岭，日夜兼程！

再算算，还是从巴东解放算起，到恩施地区全境解放，前后只花了短短半个月时间！

再看看这辆又脏又旧、像老年人爬山那样直喘粗气的木炭车，张富清觉得，他主动选择到恩施，到来凤，他的选择对了！

木炭车，它从抗战时期一直跑到新中国成立初期，一直跑到上世纪50年代末，它是恩施人民筚路蓝缕、不畏艰难的象征，同时，也是恩施地区山高水险、交通不便、经济落后、人民贫穷的缩影……

看来，他的选择对了！

转业干部张富清的选择对了！

三

从巴东到恩施,张富清和孙玉兰在木炭车上颠簸了整整三天。

途中简陋的住宿根本不算什么,刻骨铭心的是那几百公里的危险车程。

鄂西南山区沟壑纵横,山高路远,道路崎岖。每每车行到悬崖边,稍稍摇晃,便让人觉得随时都要翻下万丈深渊,孙玉兰总是抓紧前面的靠背,吓得一身大汗。

后来,张富清不让她坐在靠窗的位置了,索性把她抱在自己腿上,尽量用自己的身体挡住她的视线,让她看不到窗外那接连不断的险境……

木炭车一路冒着黑烟,突突突驶进了恩施县城。

这里是恩施地区行署所在地,张富清需要到组织部门转开一张到来凤县委报到的介绍信。

车站就在一条名叫清江的大河边,旅馆也就在一旁,叫清江旅社。

清江旅社的老板姓田,60多岁,他一看介绍信,得知张富清是北方来的转业干部,顿时喜上眉梢、格外热情,笑呵呵地说:"难怪早晨灶里的火在笑呢,原来是贵客要到了!"

田老伯带他们去看房间,一看简直吓了一跳!

原来是一间门口贴着对联、墙上贴着大红喜字、房内摆着雕花

第三章　恩施在哪里，来凤在哪里

大床的宽敞大房！

张富清只在门口瞟了一眼，就说："这个……可不敢住，住不起！"

孙玉兰却充满好奇，她走进屋里东瞧西看，还摸了摸挂在床顶的大红绣花帐檐和两旁的金色帐钩，问："这是不是谁的结婚洞房啊？"

田老伯说："是啊！我儿子儿媳的。上个月，他们就是在这里结婚的。好热闹啊，闹洞房闹了一夜！"

张富清很吃惊："他们的洞房，怎么能出租赚钱呢？"

田老伯说："哪个讲出租呀？免费给你们住。"

张富清坚决地说："那怎么行！不出租我们另外找旅馆！"

田老伯拉住张富清，满脸诚恳地说："您是转业军人，是来支援我们山区建设的，今天都腊月三十了，过年了，您没回家过年，还在为我们奔波……我把这个房间让您住一晚，算得什么？我儿子也是解放军，已经当连长了，他上个月回来结婚，一结婚就把他姑娘婆婆（媳妇）带起走哒！带到海南岛去哒！房子空着也是空着，您也是解放军转业的，您也带着姑娘婆婆，过年过节的还在找旅社……我啷个就不能让你们住一夜呢？放心，我又不收你们的钱！"

就这样，张富清和孙玉兰在别人的婚房里住下了。

天还早，田老伯建议他们过河到对面二街去转一转，那边热闹得很。

河，就是著名的"八百里清江"。

也就是说，经过三天颠簸，他们已经从长江来到清江了！

如果采用现代航拍技术，可以很清楚地看到恩施山城的地理位置，它坐落在崇山峻岭包围着的山间盆地里，清江由西向东，穿城而过，一直向东，又越过千山万水，在一个叫宜都的地方汇入长江。

出了旅社，右拐上几十步青石梯就来到清江桥头了，没想到100多米长的大桥竟然是一座木桥，让人好不意外。

就像后来的武汉长江大桥是武汉市的城市地标，清江桥也是恩施城的地标。

两个人上了桥，眺望着眼前的清江，此时正当夕阳衔山之时，水面上波光粼粼，江底的鹅卵石清晰可见……

迎面来了一个背着背篓的老伯，横在背篓上面的是鼓鼓囊囊的麻袋。

张富清忙上前打招呼：

"老伯过年好哇！"

老伯虽说有些意外，但还是十分高兴地扬了扬手："好……好好，你们过年好！"

背篓一闪一闪地大步走开了。

孙玉兰觉得好笑："人家忙着呢，哪有工夫睬你。"

张富清很认真地对孙玉兰说："到地方工作，一定要对群众热情，要谦虚，向他们学习，和他们打成一片，不然怎么为他们服务？"

走着走着，张富清对木桥产生了兴趣，这里摸摸那里敲敲，他发现几处修补的地方，附近的木柱上有明显的烟熏痕迹。回到旅社，

第三章　恩施在哪里，来凤在哪里

爱学习的张富清不忘向田老伯请教，还真弄清楚了这清江木桥的来历。

原来，这清江木桥还是抗战时期修建的。

那是1938年秋，武汉、宜昌相继沦陷，战线西移，原本只有3000多人口的小小恩施山城，一下子成为国民党政府湖北省战时省会、第六战区指挥中心，人口骤增到十多万，各项基础设施建设迫在眉睫。

田老伯颇有几分自豪："打个比方你们就明白了，那时候的恩施，就相当于今日的武汉！"

1940年，国民党湖北省政府决定在清江上架桥。

战时没有钢筋，设计为石礅木质结构桥。恩施的木材资源较为丰富，大树在恩施并不难找，难的是怎么样才能将这众多的木材，从深山老林运送到桥梁工地。

为此，一些砍伐和运输木料的农民和士兵付出了血的代价：除了折腰断腿的事故常有发生，还有数十位失去了生命。

直到1943年1月，大桥才全部落成。

六年后，也就是1949年11月6日拂晓，在解放恩施城的过程中，清江桥发生了一场激烈的战斗。

溃逃的国民党军队企图火烧清江桥，阻止解放军进城。

说时迟那时快，敌军正在点火烧桥时，解放军先遣部队跑步赶到了！

在恩施城北门河边，解放军集中机枪火力愤怒地扫射烧桥敌人，压制桥西据点,最终敌人弃桥而逃。

解放军大部队顺利通过木桥进入城内,当晚,恩施宣布解放……

四

大年三十晚上,张富清和孙玉兰应邀到田老伯家,和他一家老小同吃"团年饭"。

这是一次土家族风俗的团年饭。

田老伯从一个大瓦坛里一遍一遍舀酒——苞谷酒,一次次拿碗敬酒,一碗一口,一口一碗。张富清不好推辞,只得来者不拒,喝到下半场,甚至高叫"再来一碗",喝到最后,碗也摔了,人也喝醉了。

张富清和孙玉兰这两个"外乡人",便在大呼小叫热气腾腾的团年氛围中,第一次领略了与陕西老家完全不一样的民族风情。

田老伯说,清江两岸的土家人都是出于"武落钟离山",都是廪君的后裔。

是的,他们知道了,居住在清江两岸的土家人是巴人后裔。

有一个流传甚广的关于"廪君与盐水女神"的悲壮而凄美的爱情故事,就发生在清江下游长阳县境内的武落钟离山。说的是巴人首领廪君(巴务相),率领五姓部落沿着清江开疆拓土的经历。

其中田氏一支,在清江南岸一个叫天池口的地方进入五峰、鹤峰,并在鹤峰建立了鄂西南最大土司——容美土司;其他部落"乃

第三章　恩施在哪里，来凤在哪里

乘土船，从夷水至盐阳"。而所谓"盐阳"，以及"君乎夷城，四姓皆臣之"的"夷城"，一般都认为它是盐池河畔的"渔峡口"，那里至今有个盐池温泉；当然也有人说，廪君建立的第一个"夷城"（夷水之城），可能就是如今的恩施城。

就连"恩施"之名，也来自于清雍正十三年（1735年）朝廷对"湖广土司"实施"改土归流"之后的皇帝恩赐。此前，清江以南的来凤、鹤峰、咸丰、宣恩、利川等地，都是由大大小小的土司管辖的……

"不过不管怎么说，"田老伯吧嗒几口有着三尺长烟杆的旱烟袋，然后用手抹一把烟嘴，递给张富清，"我们廪君祖宗开创的大业，毫无疑问就是从清江起步的。"

张富清客客气气接过烟袋，入乡随俗地吸了几大口……

他已经明白了。来到恩施地区工作，你就进入了土家族、苗族等诸多少数民族和汉族人民和谐聚居的广大区域。这里的少数民族人口竟占总人口一半以上……

入乡随俗，别无选择！

作为一个转业干部、一个共产党员，你必须首先听懂群众在说什么、想什么，每天吃什么、做什么，必须做好思想准备，努力融入少数民族群众中……

第二天凌晨，张富清在雕龙画凤的土家大床上早早醒来，拉着孙玉兰又去了一趟清江河畔……

现在他们知道了，清江，古称"夷水"，又名"盐水"，因"水色清明十丈，人见其清澄"，故名清江。它发源于湖北利川的齐岳山龙洞沟，全长423公里，是长江在湖北境内仅次于汉江的第二大支流。

清江，美如画廊的清江，可不是一条普通的河流，它是土家族的"母亲河"……

晨光熹微，朝霞初露，孙玉兰陪着丈夫，一步步从桥东走到桥西。

在解放军曾经战斗的地方，张富清默默地转了好几圈。

那一刻，他的脑子里一定是解放军保卫清江桥的战斗情景……

这是一个经历过战争的军人不由自主的联想，挥之不去的情结。

他观察了一下周边的地形，看了看桥上修补的地方和被烟熏过的痕迹，有些得意地说："玉兰，我来告诉你，五年前那一仗是怎么打的……"

孙玉兰感叹："多亏有解放军保卫清江桥！你看，这清江多美呀！"

张富清对妻子说："是的，恩施是一个好地方！"

第四章

吃饭是第一件大事

那时不像现在,没有飞机、没有火车、没有高速公路,只有盘山路,从武汉到恩施要走五天,从恩施到来凤要走两天。

——孙玉兰

恩施—来凤

第四章　吃饭是第一件大事

一

从汉口到恩施，路上走了整整五天；从恩施到来凤，张富清和孙玉兰又走了两天。

他们先从恩施坐车到咸丰，住一晚，再走一天，就到了一个叫观城坡的地方。在这里抬眼望去，只见群山之间有块平坝地，稀稀落落有一些低矮的房子，那便是来凤县城。

木炭车终于驶入来凤县城，张富清背着背包、提着他那口皮箱准备下车，可是此时孙玉兰由于连日的晕车、呕吐，根本不能从座位上站起来了。

张富清几乎是搀扶着，连拖带拽才与孙玉兰第一次踏上来凤的土地。

此时，谁也没有精力打量一眼县城有多大、街巷有多宽、居民有多少，孙玉兰只是模糊记得：她是被张富清一路拽拉着，高一脚低一脚地穿过一条青石板小街，才到达一个小旅馆的。

住了一夜，第二天张富清去县委报到，回来时，拿出一把钥匙——单位分配的宿舍就在县委附近，是一间面积不大的木板壁瓦屋。

张富清走在前面，先开了门，也没吭声，但表情有些意外。

孙玉兰上前一看，我的娘！这哪里是住人的呀？

就一间空空的老木屋，除了地面蹿上来的一股子浓浓潮气，其他什么都没有，连最起码的床板都没有。

他们进了屋，拿出行李——也就是他们的全部家当：一只皮箱，一床铺盖，一个半路上买的脸盆，还有那只人民代表团慰问解放军的搪瓷缸。

"这可怎么着啊？"

看见孙玉兰一脸愁样儿，张富清笑笑："没事儿，还有地板！"

脚下的木地板年久失修，有的地方仿佛被什么东西啃了似的坑坑洼洼；有的地方陷下去一块，一踩咯吱咯吱响；还有的地方干脆破了一个洞，下面黑乎乎的，也不知道藏着什么。

张富清让妻子歇会儿，自己拿着那只搪瓷缸出去了，不一会儿，便从邻居家讨来了一杯热乎乎的开水，捧到妻子跟前。

直到现在，讲起那杯热水，孙玉兰还说那是她这辈子喝过的最好喝的水，热乎劲儿不说，还有一丝丝的清甜味儿。当时她没舍得喝完，把余下的留给了丈夫。

晚上，张富清站在屋角打量了一番，选了一个他认为适合睡觉的位置，又去邻居家借了一把扫帚，仔仔细细打扫干净，铺盖卷儿就地一滚，床就算铺好了。

睡觉时，张富清感叹："要是有几把干草就好了！"

他对孙玉兰说："其实我早就有思想准备。来凤可能比咱家乡还穷，还苦！但是，我是自愿来的，我们不能抱怨什么。有个遮风

第四章　吃饭是第一件大事

挡雨的地方就行。这里是穷,是苦,条件差。共产党员不来,哪个来?"

第二天一早,张富清就到县委上班去了。

当时县委已经安排张富清去县粮食局工作,但是到哪个部门、担任什么职务,还没具体确定下来。

丈夫一走,孙玉兰便要独自面对这个一无所有的老房子了。

孙玉兰觉得她变成了一只鸟,忙着筑窝,一趟趟飞出去,又一次次飞回来。

没过几天,木屋内开始有了一张简易的木架子床,有了被子枕头,有了锅盆碗筷等日常生活必需品,友善的邻居们也送来了一些小东小西。

有趣的是,她到一家百货商店买筷子,她说只要两双筷子就够了,因为她家只有两个人,其实主要是想省钱。人家却说,要买就是一把,一把有八双。她没办法,只好买了整整一把筷子,用了几年都还在用。

买枕头也是有趣。她说买一只,人家说夫妻两个人应该买一对,他们的枕头从不单卖。想想也有道理,她便买了一对。其实她的本意,还是为了省钱。

最让人高兴的是,门外的走廊上还有了一个煤炉。孙玉兰很快学会了生煤火烧水做饭。

那时候多数人家都是烧柴火做饭,有个煤炉算是殷实人家。

家,终于像个家的模样了。

这是张富清和孙玉兰的第一个家——虽然是个简陋、清贫、东拼西凑的家。

这年年底，第一个孩子——大女儿张建珍，就在这个家里出生了。

他们都觉得很满足、很幸福。

二

来凤，以翔凤山飞来凤凰的传说而得名。

清同治《来凤县志》载："翔凤山，县东三里，山形耸拔，如凤舒翼，故名。"

来到来凤，没有不登翔凤山的，因为那里可以眺望一水之隔的湖南龙山县。

湖南有龙山，湖北有翔凤，相依相偎、一衣带水，多么美丽的名字，多么吉祥的景观！

张富清抽不出时间到翔凤山眺望龙山城，那个凤凰飞临来凤城的美丽传说倒是听同事讲过了——

相传雍正年间，某天清晨，有一只金凤从远方飞来，见此山风光绝佳，遂在此降临栖息，然后展开五色凤尾，顿时神光漫延天地，与朝霞辉映，映得天地流光溢彩，金凤同时引颈长鸣，声闻九天。

然后，金凤在此涅槃，身躯融入山体，使整座山形如凤舒翼，凤头、凤身、凤尾清晰可辨。

不久乾隆新君即位，各地纷报祥瑞。来凤知县于执中不甘落后，

第四章　吃饭是第一件大事

便以"雍正年，凤鸣于半边城"上奏朝廷。

乾隆帝闻此龙心大悦，认为先帝推行"改土归流"新政，新君登基设县，有凤来仪，表明皇恩浩荡，化及"蛮夷"，于是御赐县名为"来凤"。

乾隆元年（1736年）春，武陵山中一个新的县——来凤县，诞生了！

1949年新中国成立后，像来凤这样的少数民族地区，得到党和国家的特别优待和关爱，大批干部、军人、医务人员、科技人员、教育工作者、技术工人、大学生……纷纷来到来凤，如同无数只凤凰不远千里飞临美丽的来凤，参加如火如荼的社会主义建设。

其中，就包括张富清这个深藏了功名、决心投身来凤建设事业的转业军人。

那天一直到天黑，孙玉兰才把张富清盼回家。

一眼看到桌上有一把面条，张富清像是发现了"敌情"一样冲上去，拿起它："在哪儿买的？"

"别说，为了买这把面条，我把整个县城都跑遍了，用了二两粮票！"

不过是一把普通的本地面条，牛皮纸裹成的圆筒，两头的面长短不一，粗细也不一样。

"怎么了？有什么问题？"

张富清笑了："……哦，没什么。"

"饿了吧，我这就给你煮去！"

不一会儿，两碗热气腾腾的面条端了上来。

张富清狠狠地吃了几口面，一副香喷喷美滋滋的样子："你知道县委把我分配到什么单位？"

"哪儿？"

"城关镇粮管所。就是管面条的。"

"什么职务？"

"粮管所主任……就是后勤部队。"

"后勤部队？"

她好吃惊。不是转业了么，怎么还是部队？

"对！就是咱们来凤县的后勤部队。兵马未动，粮草先行。后勤部队是打胜仗的有力保障！"

孙玉兰感到好笑："到了地方，你还是部队的那一套！"

晚上，两个人围在煤炉子旁，坐了很久。

那一夜张富清说了很多话，大意是：这才刚刚解放没几年，粮油供应紧张，吃饭是第一件大事。别小看这个城关粮管所主任，要负责来凤县城关镇5000多人的粮油供应，肩上的担子不轻！

他说，这是一个光荣而艰巨的任务，领导把这么重要的工作交给他，交给一个初来乍到的转业军人，他一定努力工作，不负众望。以后的工作任务一定很重，一定很忙，希望孙玉兰多多支持。

"现在家也有了，住的也有了，工作也有了。家里的事情就全靠你了。"

张富清说得诚恳、动情，孙玉兰连连点头。

第四章　吃饭是第一件大事

他还告诉她:"你是家属,明天你就到粮管所领粮票,办个粮油供应本,直接到柜台去办,也不要讲我是主任了。"

孙玉兰按张富清的叮嘱,到城关粮管所办理了有关手续,领回夫妻两口人一个月的粮票、油票,也没泄露她是张主任家属的身份。

以后,每个月的某一天,孙玉兰就像来凤县城任何一个普通居民一样,早早起床,到粮店门口排队,按照有关政策购买两个人的粮油,然后装在一个背篓里,吭哧吭哧背回家。

三

一头扎进了工作中的张富清认为,工作跟打仗一样,首先得摸清"敌情"——来凤粮食产量情况、储存运输情况、粮油供应情况、工作人员情况,还有居民购买粮油的习惯,等等。从粮食入库到仓库储运再到供应点出售等,整个程序他都仔仔细细摸得透熟。

每天下班回到家,张富清都疲惫不堪,经常有气无力坐在那儿,直到一碗饭呼呼啦啦下了肚,才有力气跟妻子说几句话。

"你这哪是工作啊,分明是打仗。"

"工作不就是打仗嘛!又是一个新战场。"

张富清说,所里仅有一台碾米机,难以保障5000多人的粮食供应。无奈之下,所里只能供应一部分细米,再配售一部分未完全脱皮的粗米。

拿着粮票买不到细米,群众意见很大,火气一上来,就与粮店工作人员吵架,有时吵着吵着就要动手了。

有一天,一家单位的管理员来买米,上来就明确要求,多供应一些细米。

张富清解释说:"现在没有多余的细米,只有粗米。"

"我只要细米!"管理员口气很硬。

张富清也不含糊:"你们要吃饭,群众也要吃饭,现在我只能按规定供应,等有了细米再通知你。"

管理员把他的工作证拍在柜台上:"是不是要领导亲自来买米?"

张富清根本不看那人的证件,而是温和地解释:"确实没有细米了,我们正在连夜加工,等两天就有了。我相信,领导来也会理解的。"

"你这个人怎么这么不识相!"

"我按原则办事。随便你怎么发火,我还是按原则办事。"

那人本来火气冲天,看到张富清态度平静,不卑不亢,也就不再继续吵闹,垂头丧气地走了。

但是他一回去,就在县里分管领导那里告了张富清一状。

几天之后,张富清到县里开会,被分管领导特地叫到一边委婉地批评道:"你的工作能力大家都很肯定,群众对你的反映也很好,说这个部队下来的同志很讲政策、很讲原则。但工作中还是要灵活点,该照顾的单位,还是要照顾一下。"

张富清却毫不松口:"供应上我必须一视同仁,要不就违反了

第四章 吃饭是第一件大事

党的政策。"

领导不好再说什么，只道："你坚持原则是对的，但也要适当注意工作方法。"

"今后我一定注意！"

孙玉兰对此十分担心："你这么做，领导不会有意见啊？"

张富清说："关键是要解决问题。领导知道目前粮食供应的严峻形势，我们如果把问题解决了，他还能有什么意见？"

"你们怎么解决呢？"

张富清说："现在还没想好对策，但是肯定有办法，一台碾米机不够用……这是目前最大的困难！我们要从这方面动脑筋、想办法！"

"那就增加一台碾米机？"

张富清叹息道："领导也说要我们增加碾米机，至少增加一台，扩大产量，满足人民群众的迫切需要……可是，钱呢？"

为了加大细米供应量，张富清先是发动附近村子的农民，动用最原始的加工方式——石碓舂米，来帮助加工。石碓舂的米虽然质量好、居民踊跃抢购，但数量有限，不足以填满缺口；接下来，就只有购买碾米机这唯一一个办法了。

于是，他写了一份申请购买一台碾米机的报告，送粮食局审批；粮食局觉得一台少了，让张富清改为两台，再打报告；粮食局再送政府审批，结果政府认为两台也少了，一下子批了三台……来来往往一个多月，总算拿到了购买资金和指标。

增加了碾米机,产量扩大,而且手工加工也没停止,这就基本解决了细米的供应难题。

有一天,张富清正在"站门市",那位吵过架、找领导告过状的管理员又来了。

见面他就拿出香烟,丢给张富清一根:"上次对不起啊,错怪你了。"

张富清问:"今天需要多少斤细米?"

"细米?"

管理员好像没听明白。

"上次不是没卖细米给你吗?现在我们生产扩大了,几台机器日夜加工,你的需要可以满足了!"

张富清言语中多少流露一点得意之情。

管理员连连摆手:"细米不要了,这个月够了。"

张富清笑笑:"好好,够了就好。"

管理员朝四下看看,然后凑到张富清面前,神秘兮兮地说:"我们几个领导都说,还是石碓舂的米最好吃……"

"有哇!但是要按指标供应啊!"

管理员想了想,恳求道:"不多,你支持200斤!"

张富清答应了,但是"丑话说在前头":"可以提前卖给你,但是要占下个月的指标,到时候扣除,行不行?"

管理员看着张富清一脸严肃的样子,只好答应:"好吧!下个月扣除指标!"

第四章　吃饭是第一件大事

四

1955 年 9 月，来凤县粮食局党支部对张富清进行干部考察，结论是："能够带头干""群众反映极好"。

1956 年 5 月，他被提拔为县粮食局副局长。

直到此时，他才有机会到近在咫尺、一河之隔的龙山县去看看。

在全国，恐怕再也找不出第二对像湖北来凤和湖南龙山这样有着特殊关系的县城了吧！

说特殊，是指它们的距离，这两个县城之间只相隔七公里，而且两个县都属于土家族苗族聚居区。

两个县城之间，就隔一道酉水，只需架一座桥，就你来我往亲如一家了。

因此，当来凤县的"四无"活动进展不快时，张富清听说对岸龙山县"四无"工作做得好，便决定去参观学习。

听说张富清要出省，孙玉兰便早早起来，给他蒸了几个馒头，说是带到路上做干粮。

张富清笑道："到龙山就和咱们老家到马畅镇上差不多，要什么干粮？"

孙玉兰也笑了："我整天待在屋子里，自然少见多怪哟！"

张富清说："我们去参观他们开展'四无'活动的情况，学习经验，促进工作。"

"我又不懂了……什么活动？'四无'？"

张富清见妻子面露疑惑之色，立即解释："'四无'就是无虫害、无霉害、无鼠雀、无事故，这是针对粮食储存而言的。为了保障粮油供应，中央决定开展'四无'活动，让全国人民吃上放心粮油！"

孙玉兰一听高兴了："我懂了。这个政策就是好！"

"这些天我四处看了，这粮油供应工作听起来容易，工作任务重、难度大啊！"张富清依然忧心忡忡，"不说别的，单讲这粮食储存吧，咱们来凤问题就不少。现在咱们来凤，好些储粮仓库都是旧社会留下来的，许多仓房是征用旧祠堂、民房改建的，仓房简陋，技术落后，虫蛀、霉变和鼠雀啃食，几乎天天都在发生，情况相当严重啊！"

他又说："国家正在大办工业，农村合作化运动正在蓬勃开展，只有手中有粮，才能心中不慌。领导把这么重的担子交给我，不能出半点差错啊！"

那天早晨，张富清带上粮食局办公室的小刘一道去龙山，没有自行车，更无汽车，全凭两条腿走路。

小刘是刚参加工作不久的高中生，本地人，一个有文化有激情的小伙子。

走不多久，只见一座石桥横架在面前的河流上。

还未上桥，小刘就指着石桥说："那就是著名的'接龙桥'！"

张富清急不可待："就是来凤人民迎接贺龙元帅的那座桥？"

"对呀！"

第四章 吃饭是第一件大事

不等张富清多问,小刘急急地讲起了接龙桥接贺龙的故事:

1934年4月,贺龙率领红军从湖南甘壁寨进入来凤境内,领导来凤人民打击土豪劣绅。

同年10月,为了策应中央主力红军突围长征,贺龙率领红军一部在向湘西挺进的途中,再次进入来凤。拦河两岸人民欣喜若狂,纷纷走上接龙桥。从此,接龙桥便成了人民心向革命的象征。在驻防期间,贺龙在百福司附近的老潭湾召开群众大会,号召青年起来革命,参加红军。会后,当地40多人参加了红军。

1935年11月19日,红二、六军团共1.7万余人,从湖南桑植刘家坪出发长征。红六军团十八师4000多人奉命留守,在龙山牵制敌人。

12月8日,红军十八师完成牵制任务,从茨岩塘出发长征。

当红军部队将要进入来凤境内之时,国民党反动派便急匆匆调集重兵在来凤驻扎,妄图堵截消灭红二军团和红六军团。

敌三十八旅旅长潘善斋在城南布防,猛见古老的桥上竟然刻有"接龙桥"三个大字,又见石龙雕像栩栩如生,联想到群众时时讲"接龙"、谈"接龙"——你们不就是想"迎接贺龙"吗?如此一联想,顿感心惊胆战,于是下令匪兵砸了石龙,凿掉"接"字,改桥名为"截龙桥"——呵呵,你们迎接,我来堵截、截断——并在桥上筑碉堡,布防线。

一字之改,恰恰证明敌人心惊胆寒,畏"龙"如虎!

来凤人民没有被敌人的淫威吓倒,他们不仅在生活中把"接龙桥"叫得山响,而且不顾生命危险,为红军送信带路、支援粮食,更有数以千计的贫苦农民,跨过接龙桥参加了红军。

在来凤人民的大力支持下,红军终于在1936年5月打到来凤境内,并在来凤县刺猪槽和宣恩县板栗园歼敌两个师,然后开始了万里长征。

1936年1月9日,红十八师到达贵州江口与红二、六军团主力会合时,只剩下600多人。红军离开龙山长征的第三天,有150多名革命群众被国民党杀害。不久,又有70多名革命群众在来凤被敌杀害。

湘鄂西根据地各县,被杀革命群众人数均以千计。

14年后,1949年11月9日,来凤获得解放。饱受磨难的接龙桥,终于又一次接来了人民的军队——中国人民解放军,"截龙桥"也随之被"接龙桥"代替,恢复历史本来面目。

"它本来是一座古桥吧?"

"是的。"

小刘说,接龙桥是来凤境内最大的清代石桥,始建于清朝嘉庆十三年(1808年)。

关于接龙桥的修建,曾有一个传说:很久以前,拦河两岸有两座山,南叫"玉龙",北称"翔凤",是龙与凤的化身,只是被拦河"拦"断"龙脉",导致这里的百姓屡遭劫难。

风水先生说,只要修一座石桥跨越拦河,接通"龙脉",就会迎来"龙凤呈祥"的好日子。

第四章　吃饭是第一件大事

清嘉庆十三年，土家族、苗族人民为了谋求幸福，纷纷捐钱捐粮，从四川请来能工巧匠，修起石拱桥，并在石桥上精雕一条石龙，凿上三个大字"接龙桥"。

张富清问："幸福接到手了没有？"

"当然没有！"

张富清平常不苟言笑，但听到小刘的回答如此斩钉截铁，也不禁纵声大笑起来。

"谢谢你讲了这么多，小刘！幸福不是修一座接龙桥就可以接来的，是共产党带领人民奋斗来的。"

张富清几声大笑之后，小刘惊异地看到张副局长眼里闪烁着泪光。

那天，张富清和小刘在龙山城关粮管所学习取经了整整一天。

五

每个月都有那么一天，孙玉兰需要早早出门，学着来凤当地人那样，背着背篓，揣着粮油供应本，来到粮店门口排队。

有时候要排到下午两三点，才轮得到。

她曾试过跟张富清商量：粮管所的职工和职工家属，能不能不排队？

张富清只是笑：

"辛苦你了玉兰，大家都是一样。"

不过，孙玉兰也有小惊喜的时候：每个人的粮食定量是一个总数，其中主粮和杂粮的搭配比例却各有不同。

比如面粉，在来凤称为"灰面"，算是杂粮，而对孙玉兰和张富清来说，则是最好不过的主粮了。

这样一来，她常常可以拿大米和邻居同事换取面粉。这是双方都十分愿意的事情。

有了面粉，孙玉兰就可以常常给张富清做馒头吃，后来有了孩子，更是如此。

在他们眼里，有馒头吃的日子是多么幸福的日子啊！

直到今天，老两口过着最平常的老年生活，还是每天离不开白面馒头。

当然，终归还是要入乡随俗。现在，和许多土生土长的来凤人一样，在张富清家里，有两样食物成了家常菜，成了家中必备之物——一是"油茶汤"，二是"合渣"。

油茶汤，实际上是一种茶饮汤质类的小吃，集香、脆、滑、鲜于一体，味美适口，提神解渴。

据说，油茶汤是大山里一群放牛娃发明的。最初或许源于一种"玩家家"的游戏：一个放牛娃将捡来的油茶籽放进瓦罐里炒，没想到炒着炒着竟炒出许多油来；另一个放牛娃随手扯了一把野茶丢进去，一阵炸响之后，野茶炸成焦黄色，香气腾腾蹿了出来；又有一个放牛娃灵机一动，把正要喝的水掺进罐里，"油茶汤"就做成了。

放牛娃们喝一口汤，吃一把炒苞谷泡儿；后来就干脆把炒苞谷泡儿丢进汤里,边喝边嚼。吃得又饱,精神又好。

回到家中,放牛娃便把这种玩家家的吃法告诉了家人。

冬去春来,与时俱进,油茶汤的做法渐渐有了讲究:先将茶叶炸至蜡黄后,加水,并放上盐、姜、葱、蒜苗、胡椒粉等作料,烧沸即舀入碗中。这时候再加上事先备好的米花儿、苞谷花儿、豆腐果、核桃仁、花生米、酥黄豆等"泡货",即可食用。

即便到现在,恩施州来凤、咸丰一带的山民,还依然钟爱油茶汤。有民谣这样说:"不喝油茶汤,心里就发慌。""一日三餐三大碗,做起活来硬邦邦。"

同时,喝油茶汤还是本地人招待客人的一种传统礼仪,凡是贵客临门,主人家盛情款待,都要捧上一碗香喷喷的油茶汤。

上世纪50年代,孙玉兰刚到来凤不久时,就跟着邻居嫂子学会了一首带点忧伤的土家民谣——

辣椒当盐,

合渣过年,

一条裤子穿它几十年……

这民谣唱的是旧社会。

现在,来凤人民的生活发生了翻天覆地的改变,但对合渣仍是情有独钟。转动的手工石磨,乳白带泡沫的黄豆浆液,新鲜的菜叶儿……

新社会虽然不再是"合渣过年",但作为恩施民间最传统的一道家常菜,它留在了每家每户的餐桌上。

合渣的做法很简单:将泡涨的黄豆和水磨成豆浆,烧开,再加入剁碎的青菜叶儿煮熟,加上作料,合渣就做成了。

合渣的吃法很多。有的不加任何调料,称为"淡合渣",水分也多,突出一个"喝"字。在炎夏,喝一碗淡合渣,既解渴,又消暑。此外,还可以放置几天使之变酸,称为"酸合渣"。入口,酸得人痒酥酥的,还想再来一口。寒冬,还可以把合渣煮浓稠一些,放上辣椒、生姜、猪油、盐、大蒜等调料,架在柴火上边熬边吃,一直吃到满口生香,全身冒汗……

经过60多年的日常训练,孙玉兰做的油茶汤已非常地道,家人、客人交口称赞;她手工推转小石磨,严格按程序精心制作的合渣,更是口味鲜美,满屋飘香。

第五章

三　胡

这里苦，这里累，这里条件差，共产党员不来，哪个来啊！

——张富清

来凤县三胡区

第五章　三　胡

一

1959年，在那个青黄不接、乍暖还寒的早春，张富清调任三胡区副区长，分管财贸工作。

孙玉兰带着四岁的长女和两岁的长子两个孩子，雇请了几个农民，背着孩子和行李家具，沿着陡峭的山路，跟随张富清浩浩荡荡大搬家。

"要搬到哪里去啊？"路上有人问。

"三胡。"孙玉兰回答。

"三胡穷啊！"

"穷也要去！"

"没听说'穷三胡、富卯洞'吗？"

"听说了。听说衣服上粘着稀饭糊的，脸上没洗干净的，穿破衣裳的，都是三胡来的。"

"那你还要去？"

"组织上叫我们去三胡，就去三胡；叫去卯洞，就去卯洞！"

其实，一直到这次搬家，孙玉兰既没去过三胡，也没去过另外一个叫卯洞的地方。他们一家四口，一直生活在县城……

三胡集镇距县城不过17公里，却是城市乡村两个世界。县城相对发达、生活便利，1958年还因为老虎洞水电站胜利建成，一下子点燃了1500多盏电灯！

1958年3月9日，《恩施报》在头版报道喜讯："3月1日，来凤老虎洞水电站试验发电成功了，这是来凤城关人民好大一件喜事。发电这天，来凤城里像过节一样，人人喜笑颜开：等着看电灯；附近乡里的农民也成群地赶到城里来看电灯……直到电灯灭了，全城还是沉醉在一片喜气中。"

文章题目更是令人难忘：《老虎洞水电站试电成功，来凤城从此要大放光明》。

然而三胡呢？

张富清全家就要迁居生活的那个区委所在地呢？

那里不通电，不通公路，也没有自来水，每当夜幕降临时，只有几栋木板屋，在凄风苦雨的暗夜里茕茕孑立……

一个副区长，也算当地主要领导干部之一，可是一些当时到过集镇上张副区长家的山民，硬是大惊失色、目瞪口呆，怎么也不敢相信眼前的一切：

什么？咱们张区长住的，还不如随便一个山村农户？

看吧！他全家住一间四壁漏风的小木屋，逼仄的空间只够放一张大床，幸亏孩子们还小，先是两个，后来是四个，而且两男两女，却只能跟着爸爸妈妈，像睡通铺一样挤在一起；房门很破旧，灰黑灰黑，勉强能打开，勉强能关上；因为空间有限，做饭的炉子只能放在门外，下雨下雪时再搬回屋里。

第五章 三　胡

副区长张富清却淡然处之，真心觉得这没啥。条件是艰苦一点，但咱是当过兵的人，什么艰难困苦没见过？

既然组织上把他派到这里来，这里就是战士的新战场！

他几乎是放下行李就上山了。

上任不到20天，他就自带粮票、油票和饭钱走村串户，全凭两只脚跋山涉水，走遍了全区的村村寨寨，走进山乡人家的土墙瓦屋、茅棚木舍、吊脚楼……

但是，作为一个北方人，初到三胡这么一个土家族、苗族等少数民族人口占总人口一半以上的民族地区工作，不免有诸多不适应、不方便的地方。

首先，基本交流就出现了问题。他发现自己的汉中方言有些老百姓听不懂，于是，他开始有意学习来凤土话，偶尔还学土家语。

"当个干部，连话都听不懂，连地名都记不住，还谈什么跟老百姓打成一片？"

刚到三胡区，他感到一些地名听上去十足古怪，简直不知所云。

三胡区有个村子名叫"讨火车"。这里连汽车都没有，哪来火车？再说，火车是你讨得来的吗？

张富清询问当地干部，才知道"讨火车"原本是土家语，实际上乃是"干河沟"之意。因为这个村地处河边，而"车"，就是土家人心目中的河流。

来凤县境内有许多带"车"的地名，比如"革勒车"，这是与三胡相邻的一个集镇。

原来，那里有一条河叫"革勒车河"，还有一条季节性小溪注入革勒车河，因此，整个集镇形成三面环水、一面靠山之势——所谓"革勒车"，其实就是土家人眼中"可怕的水、凶猛的河"！

来凤县还有烂车河、上搬车、沙子车、西东车、城车坝等地名含"车"字，你记住，这里的"车"不是城里的车，而是水，是河流小溪，是湖泊沟渠罢了。

土家族是个有语言却无文字的民族。雍正年间"改土归流"之后，土家语便被朝廷官府视为"打土话"，甚至"土匪黑话"，时而禁止，时而打压，因此，只在一些偏僻原始的土家族聚居区尚有遗存。实际上，在恩施地区，即使在土家语保存较好的来凤县，除了卯洞河东一带还有一些老年人能讲土家语，其他地区，基本就只剩下一些地名和称谓可以看到土家语的痕迹了。

尽管如此，张富清还是愿意学习一点土家语。既然在民族地区工作，哪怕只是掌握一些简单词句，也对工作有利。

有时候回家学着说，把孙玉兰笑得直不起腰。

笑归笑，他还要求妻子和他一道"夫妻识土家语"，就跟这几年学习认字一样。

"土家语'直挪'是什么意思？"张富清问。

孙玉兰想了想回答："煮饭！"

"'直杵'呢？"

"盛饭！"

"'直桶'？"

第五章 三 胡

"蒸饭!"

孙玉兰笑道:"这个好!考的都是我每天的本职工作啊!"

落籍来凤多年以后,夫妻俩的口音都变了——不是纯正的陕西话,也不是地道的来凤土话,更不是土家语,而是多元融合、兼而有之,堪称来凤县独一无二。

张富清和孙玉兰,本是出自同一个村庄的所谓"洋县红苕腔",但因经历不同、性格各异,加上时光浸染,久而久之到如今,他们的口音虽然仍以陕西家乡调为主,却也有了偏西北腔和偏湖北腔之别!

二

这天,张富清来到来凤与咸丰两县交界处的黄柏村,调查农业生产、粮食收购和社员生活情况,登门看望老党员、军烈属、孤寡老人、贫困户……

这里距来凤县城27公里,似乎并不遥远。可是当你从县城的平坝步步登山,登上最高海拔1260米的黄柏村时,仿佛时空倒转,情景穿越,沿着古老的青石板路一直前行,便是大山深处的另外一个世界了。

脚下的石板路,正是起于四川石柱县(今属重庆)长江边的西沱镇,途经恩施、利川、来凤等地的"千里古盐道"——如今已享有"南方丝绸之路"之美誉。明清时期,武陵地区的食盐等生活必需品,都是通过这条古道依靠骡马驮运或者人力背负来运输的。

这条古道,其中有10多公里穿过黄柏村。

由黄柏村发源的小溪,原来就是老虎洞河的源头。1958年在老虎洞河下游修建了新中国成立后恩施地区第一座小水电站,也是当时湖北省五座小水电站之一。可以说,黄柏村既是老虎洞水电站的动力之源,也是照亮来凤县城的光明之源!

可是,黄柏村却没有电,一到夜晚,漫山遍野黑灯瞎火。说起电灯,老人还要问:电灯是不是火柴点亮的……

当我们的城市正在享受万家灯火的现代文明时,大山深处的乡亲们却在点油灯、点火把、点松明……

沿着沧桑古道缓步前行,走着走着,眼前忽然蹦出一片大屋场,张富清顿时惊呆了。

三个大屋场雕梁画栋、古色古香,占地面积竟达1000多平方米!

莫非是世外桃源?

其实,解放之前,这里也曾富过、阔过,只不过那只是少数富人的天堂!

社队干部说,这些院落都曾是村中旺族张氏家族所有,在其鼎盛时期,客栈、鸦片馆、赌馆、妓院一应俱全。后来,这些院落被人民政府接管,所有房屋都分给翻身农民,现由多户人家居住。

远远看去,院子里一溜儿耸起团团绿云,走近一看,原来是号称"亚洲第一梅"的古杨梅树。虬龙巨枝,绿荫如盖,荫盖面积达300多平方米。由于几棵古树近在咫尺,相依相伴,村人便把它们

第五章 三 胡

比作夫妻，以"幸福树"称呼。

仔细看上去，树上还结着密密麻麻的小红果，让人多看一眼就会不由自主流口水。

张富清这个北方人，还真没见过这样树冠葱翠、果实累累的古杨梅树，不禁啧啧称奇。

更奇的是，像这样的古杨梅树，这个村有1万多棵，其中百年以上树龄的就有108棵，300年以上的有33棵。树龄最长的那棵"亚洲第一梅"，也被称为"世界杨梅之王"，树龄为500年以上。

喝着油茶汤，聊着村史民情，时不时会听见"咚"的一声，一些成熟的小杨梅调皮地落进茶碗中，惹得张富清哈哈大笑。

"果子可以吃吗？"

"是的，能吃。"一个村民说，"有点甜、有点酸，还可以煮酒，平常我们是当水果吃的。"

"缺粮时也可以当饭吃！"张富清说。

与黄柏村紧邻的是石桥村。

和古老的黄柏村一样，石桥村也拥有古杨梅、古桥、古寨、古院落等祖宗留下的古迹古物古建筑，由多栋木质结构、具有民族特色的古民居组成的"上坝院落"，更是闻名湘鄂川边区。

然而，石桥村也衰败了，如今是三胡区最贫穷的村寨之一，号称三胡的"西伯利亚"。集体生产搞不好，年年完不成统购任务，年年要吃"返销粮"，每到青黄不接时节，一些农户就要四处借粮……

张富清走村串户，访贫问苦，发现许多人家缺吃少穿，有的大姑娘，一年四季穿一条补疤连补疤的破裤子——没有换洗的……

张富清不能不感到震惊：新中国已经成立十年，这个地方竟依然贫穷落后至此！

面对此时农村的严峻现实，张富清不能不有所思考……

三

1959年是"三年严重困难时期"的第一年。

这时，张富清正在石桥村驻队。

这年初夏，就在张富清吃住在石桥村农户家里，每个月至少二十天和村民"同吃同住同劳动"，一有时间就召集党员干部一道研究，如何搞好生产、如何增加粮食产量的驻队日子里，一场百年未遇的罕见旱灾，正在悄然而来……

来凤县的旱情是5月30日开始的。到8月21日，连续干旱82天。从伏至秋滴雨未下，持续高温38摄氏度以上，县志记录为"百年未遇的罕见大旱"。

大地龟裂，禾苗枯焦，溪河干涸，人畜饥渴，就连祖传上千年的老水井，也打不出一桶水……

石桥村缺水了！

田里没水了！没水就要绝收啊……

怎么办？

张富清立即主持召开石桥大队支部会，研究找水问题。

第五章 三　胡

他说:"你们熟悉情况,知道哪里有水源,只要你们带路,我们一起去找,到哪里都要把水找出来!"

大队民兵连长邓明成说:"区长,你就不要去了!"

张富清一笑:"我去!大家一起去!"

邓明成看一眼张富清瘦巴巴的身子,不想这个文弱干部给找水添乱:"我们在这里住,我们都会晓得哪里有水哪里没水,我们自己去找!"

张富清起初以为当地干部关心他呢,便说:"我什么苦都吃过,农民出身,不要担心我爬不了山!"

有个支委笑着说:"我们不担心这个,担心你摔死了我们负不起责!你是干部,你的命比我们农民的命值钱!"

"摔死了也不要你们负责!"张富清站起来,拍着那个支委的肩膀说,"我当过兵、打过仗的,不知道死过多少回了……"

就这样,张富清和邓明成等五六人一道登山找水。大家都带着新的电筒和电池,因为目标是密林深处悬崖之上一个天然大溶洞。

邓明成有找水经验。因为来凤地处武陵山区,属于喀斯特地貌,溶洞多,地下暗河多,即使地面溪河枯竭断流,山洞里仍然可能有水,至少可能性要大些。

不必细说张富清跟着邓明成等人向山洞攀爬的艰难情形。其实根本没有路,走在前面的农民拿着镰刀边走边砍,总算开辟了一条荆棘小路,真正是"筚路蓝缕,以启山林"。麻烦的是,山洞一直显得神秘莫测,谁也不知道其中深浅,大家鼓足勇气走进去,才发现里面乱石林立、暗无天日、遍地迷瘴。在手电光的照射下，众人一点一点地向前摸索着，慢慢方才曲径通幽、柳暗花明……

邓明成多年以后还记得："里面看不见，坑坑洼洼的，不是这里石头挡住，就是那里石头挡住。反正有的靠跨，有的靠爬，就这样搞，头抬不起来的，就靠爬过去。"

张富清钻进山洞，也不知道究竟钻了多远，钻了多久，当他们一个个像泥猴似的爬出洞口的时候，手电筒电池的电量已经耗尽了。

"张区长猫在里边几个小时，直到确定水源位置。"邓明成后来接受中央电视台采访时说。

既然找到了水源，下面的工作就是修建输水渠道。

张富清带头找到水源，喜讯如风飞传，立即在石桥村以及邻近的黄柏村引起震动，盼水心切的社员群众喜上眉梢。

张富清说："水是石桥找出来的，石桥立功了。但是黄柏大队也在遭受干旱煎熬！两个大队遭受一模一样的煎熬！"

他在石桥支部会上说："我们石桥要发扬共产主义风格，两个大队要互帮互助，就像亲兄弟那样不分你我！这里我要代表区委宣布，石桥和黄柏要合作修建输水渠，两个大队的田地要一样灌溉！"

在张富清的蹲守指导下，两个大队迅速组织起来，社员群众积极投工投劳，男女老少日夜施工。不久，就从山洞中引来了暗河之水——它们本来隐藏千年不见阳光，却在一场抗旱大战中重见天日，为民造福！

输水渠通水那天，张富清趴在渠边喝了几大口水。

第五章 三 胡

咕噜咕噜，有滋有味。

民兵连长邓明成赶紧把他拉起来："不能喝！洞里水脏，要坏肚子的。"

张富清呵呵笑道："谁说不能喝？简直能喝饱肚子！"

那时候他自己已是饥肠辘辘，只是不能说穿……

但邓明成不明所以，一脸诧异。

四

1960年初夏，张富清收到老家电报：母亲病重，希望他回家看看。

张富清记得，父亲1932年病故，那时他才八岁。从此这个多子女的穷苦之家，就全由母亲一人独力支撑。没有地，租地来种；没有劳力，她带着年幼的子女像男人一样挣扎谋生，拼死拼活……

孙玉兰了解张家的艰难家史，知道母亲在张富清心头的分量，于是早早帮他收拾了简单的行李，等着他安排好手头工作，然后回乡探母。

那段时间，恰逢自然灾害，全区人吃饭成问题，张富清正在成天为此奔波。白天一心一意忙于工作，夜里回家，他在床上翻过去翻过来，一直睡不着。

他担心母亲的病。

孙玉兰忙安慰他："别急啊，咱娘没事儿的！"

张富清重重地叹了一口气:"儿子不孝,娘生病了也不能在身边侍候……"

孙玉兰也急了:"明天一早我就去城关排队买票!"

第二天天不亮,张富清和孙玉兰早早起床了,简单吃了点东西,正准备出门,张富清却犹豫了。

"怎么了?"

他望着妻子:"别急着买票。还是等这段时间忙完再说吧。"

除了工作锁手,实在走不开,还要考虑从来凤到洋县的漫长距离,山高路远,不是几天就能跑一趟的。当初从武汉到来凤走了七天,现在可能快一点,但是需要再转车,到洋县还得加上三天,光这路途来回,就得二十来天……

而且还不得不考虑来回车票和旅途花销……

有一天清早,孙玉兰催促张富清:"收到电报快 20 天了,再不能耽误了。说不定你是见娘最后一面啊!"

张富清看上去十分难过:"还是算了……"

"不回去了?她老人家……"

"暂时不回去……"

孙玉兰说:"我去寄点钱吧。"

"再等等……等工资发了再寄……"

说着,他顺手推开门:"我去机关了……"

说完,头也不回地大步朝前走去。

孙玉兰久久站在门槛边,看着丈夫瘦小的背影匆匆离去,渐渐

第五章 三 胡

融入略带凉意的初夏晨曦之中。

几天之后,孙玉兰下班回家,刚推开门,便看见丈夫半躺在床边,和衣而卧,两眼发直,不言不语。她急急上前:"病了?哪儿不舒服?"

张富清慢慢坐起,他眼圈红红的。

"……娘走了!"

"走了?!"

他拿出一份电报:"嗯。下午收到的。"

孙玉兰只扫了一眼,一下子哭了起来:"回去吧,我们给娘奔丧……"

张富清没说什么,起身进了厨房。吃过晚饭,又洗了碗,他这才歇下来。

孙玉兰知道丈夫心里难过,几次想开口,也不知道能说什么劝慰的话。

"娘在世时,我们没能陪伴,得了重病才发电报,我还指望着她老人家能挺过来。但是我知道,一般的小病,不会打电报的……现在娘已经去世了……但人死不能复活,也不能不埋……"

说到这里,张富清的泪水夺眶而出:"娘一个小个子妇女,这么多年照顾一大家人太不容易了。"

孙玉兰替丈夫擦泪:"别太难过了。"

"我对不起娘!"

第二天,张富清和孙玉兰取出家里的全部积蓄50元,又找几个老同事东拼西凑,借了150元,把总共200元丧葬费寄回老家。

只在汇款单上写下"娘安息"的简单留言，没有另发电报——实在拿不出电报费了。

此后，张富清总是说着对不起母亲的话，每一次说起都是悔愧不已，都是热泪纵横；每一次，孙玉兰都陪着落泪、陪着叹息……

"由于困难时期工作任务繁重脱不开身，路太远，钱也不足，我想我不能给组织找麻烦，干好工作就是对亲人们的最好报答。自古忠孝难两全。"多年之后，张富清在笔记本上写下这样一段文字，解释了当初的选择。

没能探病，没能奔丧，没能与劳苦一生的母亲见上最后一面，成了张富清一生最大的憾事！

五

1960年4月29日，恩施地委发出指示，要求全区六级干部"会师到田头"。

于是，恩施地区各级领导干部纷纷走出机关，一时间到队、到田达45000余人次，实行"与社员同吃、同住、同劳动"。

作为六级领导干部的中间一级，张富清立即响应上级号召，迅速选定一个落后大队去驻队。

打着背包徒步行走三个小时，不断翻过高山峻岭，几次遭遇恶狗追逐，终于抵达这个峡谷中的山村。

奇怪的是，如此山一路水一路，竟然没遇见一个人！连问个路

第五章 三 胡

的人都没有！

日暮时分，他走进一户人家，表明自己身份，请求让他暂住一晚。"我按照规定给你粮票、油票、伙食费……"

见主人冷淡，他立即掏出钱和票证，要求提前预付。

主人上上下下打量张富清一番，犹豫片刻，还是同意他住一晚。"没得什么吃的，你不要嫌弃就行。"

"哪能！"张富清说，"连续大旱，粮食减产，我知道大家生活困难！"

吃饭了。煮了一碗苞谷糊糊。煮了几个洋芋，皮也没刮，无油无盐的连皮洋芋。

可这已经是主人对区干部的特殊待遇了。他们自家人吃的是野菜糊糊，清汤寡水的，即使连皮洋芋，也没有。

晚上睡觉前，主人把门板下了，搁在两条长凳上，又拿出一床粗布旧棉被。这就是客人的床铺。

张富清一迭连声地感谢道："好！好！过去行军打仗，这就是上等床铺了。"

第二天，直到中午，张富清才见到大队支书。

支书也很冷淡："你们干部最好莫来。同吃，没得东西吃；同住，没得多余的床铺；同劳动……都快饿死了，没有力气，怎么劳动？"

一席话呛来，张富清无言以对！

支书面黄肌瘦，显然也是营养不良。他手持一根长长的烟管，吧嗒吧嗒抽着"叶子烟"，有气无力地说：

"我个人并不反对你。几次开会都有听到你讲话。你在区里威信很高。可是你没权解决我们的问题啊！"

"你说！能想办法的，我一定想办法！"

支书连着摇头："你没有办法。谁也没有办法。去年天旱，家家户户缺粮啊！"

没有粮食吃，只好用瓜菜代粮，满山寻找野菜、葛根、蕨根……

因为饥饿，导致营养不良，严重饥饿严重营养不良，许多人患上浮肿病、干枯病……

面对如此严峻的局面，各级党委、政府果断决策、紧急应对。先是组织动员机关干部、工人、学生下乡抗旱；入冬之后，又逐级发放大米、面条、黄豆等救济粮，以及食糖、食油、糕点等营养物资；各县出现肿、干病人，各级政府迅速派出医务人员，在各地农村建立肿、干病院，收治病人……

支书对张富清说："你来驻队，倒不如弄点大米、面条来！再不救济，我们大队也要死人的！"

在这个大队一连住了20多天，张富清下定决心：一定要把生产搞上去！

他没有本事为乡亲们弄来指标之外的救济粮，但他愿意投身其中，用劳动生产粮食，用生产改变命运！

当然，困难不小。

其中最大的困难，是群众难以组织起来。即使是勉强参加了集体劳动的一些青壮年，也经常偷懒耍滑磨洋工。

第五章 三　胡

张富清抓了几个典型，严厉批评。

可是人家说："我们连饭都吃不饱，哪来力气？"

他只好放弃批评，换了一种工作方法：不论哪样农活，他都身先士卒带头干，时时处处作表率。

挖田、锄草、种地、施肥，每种劳动技能他都熟练掌握，每样农活他都干得好，手上的血泡没断过……

背粪上山，背篓里装着一百多斤，社员背多少，他也背多少，社员爬山有多快，他也有多快，身上、衣服上，沾得到处都是粪……

从清晨下地"打早工"，到深夜"打夜工"，只要哪个生产队正在劳动，他就出现在哪里，捡起家伙就干活……

收工后回到住处，他都快要累瘫了，但他从不叫苦叫累……

晚上睡在一间柴屋里。地上铺上稻草，就是一张床。

刚躺下，蚊子来了，他拿手帕、衣服驱赶，实在赶不走，干脆把手帕盖在脸上睡。

半夜，虼蚤来了，压在身下却压不死，只好打起手电，在被窝里翻找，找不到便抖……等到早上起来，被咬得浑身是包。

后来，他找来六六粉撒在地铺上，虼蚤才少一点，但只能管个把星期。

在社员家搭伙吃饭，社员吃什么，他也吃什么；社员吃不饱，他更吃不饱。

在社员家里，无论吃的是红苕洋芋还是苞谷合渣，他都按规定交足伙食费和粮票：每餐半斤粮票，每天三角钱伙食费，一个月三两油票。三五天结一次账，只会提前决不推后。

　　有时没吃饱，或者长时间不沾荤腥，他饥肠辘辘，又不愿当众表现出来；有时回屋太晚没赶上吃饭，夜里饿得睡不着，他就一个人跑到水井旁，悄悄舀点水喝……

　　有天晚上，张富清打着手电回区里开会。

　　从生产队到集镇几十里山路，他轻车熟路勇往直前……可是，就要抵达集镇时，他忘记了脚下是一座桥，桥下有一条河……

　　迷迷糊糊一个趔趄，一个倒栽葱，"扑通"一声掉进河里。

　　幸亏有个同事同行，赶紧把他救了上来，送到医院。

　　孙玉兰赶往医院，仔细检查丈夫的伤情，不禁心疼不已："你可真是命大！"

　　"过去打仗，连死都不怕，还怕摔一跤？"

　　孙玉兰知道张富清是打过仗流过血的，根本不在意危险大小。

　　他微笑着对妻子说："没什么大不了的！可能因为白天干活有点累，吃得又少，加上走了几十里山路，糊里糊涂就失足落水了！"

　　医生正在忙着涂药包扎，张富清倒是立即谈起了工作：

　　"我发现小农具严重不足！家家户户都缺！我问了，他们都是到邻近的湖南永顺购买的。买又买不起，怎么办？"

　　孙玉兰说："你也没钱帮他们买！一分钱难倒英雄汉！"

　　张富清感到沮丧："是啊，我缺钱，可他们更没钱啊！"

　　"没钱就要想办法嘛！"孙玉兰鼓励着。

　　妻子话未落音，张富清就想出一个办法：把铁匠师傅请来，咱

第五章　三　胡

们自力更生，自己打造！

说办就办。

几天之后，张富清派人赶往永顺县，请来手艺高强的铁匠杨圣，又给他安排几个当地铁匠做徒弟，于是，一个小型农具厂诞生了。

就这样，就在风箱拉动的呼啸声中，在火花四溅的铁锤敲打声中，鲜红的铁坯柔软如泥，变幻万千，被打造成为多种物美价廉的小农具。

不久之后，三胡区不仅实现了农具自给，还能外销。

第六章

贫贱夫妻百事哀

他先从我这开刀,我问他你把我搞下来,我犯了什么错误;我从来没差过款,也没有偷过东西,你为什么把我弄下来。他说你下去我好搞事。

——孙玉兰

来凤县三胡区

第六章　贫贱夫妻百事哀

一

1959年初，张富清调到三胡区担任副区长后，举家随迁，孙玉兰也调到三胡供销社上班。

1955年，张富清转业到来凤时，起初在城关镇粮管所担任主任，算是股级干部；孙玉兰当时只有20岁，但在老家时已是村妇女主任、共青团员，于是按照国家有关政策，被招录为国家公职人员。

"我妻子不是简单的'随军家属'，"张富清对同事说，"她是凭自己本事干事的。"

老实说，在这个"半边户"颇多的山区集镇，像他们这样夫妻双双拿工资的"双职工家庭"，不论大人的吃喝穿戴，或者孩子们的衣服、球鞋、书包、玩具，和一般人家比较起来还是要好些，手头也要宽裕一些。

如果你在供销社上班，那就更是比上不足、比下有余了。

当年，在县以下的乡镇集镇上，供销社实在是个"发展经济，保障供给"的热门单位——油盐酱醋、烟酒糖茶，山货土产销出去，日用百货进山来，什么武汉的游泳牌、永光牌香烟，沙市的床单、热水瓶，黄石的港饼，孝感的麻糖，恩施的火柴……因为它主宰着物资贫乏年代的货架，掌管着千家万户的物资供应！

供销社的职工，哪怕是个挑着货担走乡串户的货郎，甚至也比那些经常下乡、水一脚泥一脚的干部还要令人羡慕。

孙玉兰是供销社的财务人员，具体工作是做账。她工作特别认真，管理账目十分仔细，从来没错过一分一厘。

这天傍晚，张富清下班回家，就围着家门口那个做饭的炉子，一边看妻子炒菜，一边谈天说地。那天他的话特别多，而且聊的全是国家大事：

"……'大跃进'期间，为了超英赶美，全国掀起了生产热潮。一是技术革命，提高劳动生产。二呢，主要是靠增加劳动力。远的不说，就是咱们来凤，就新增了不少职工，这个你是知道的吧，玉兰。"

"我家的领导干部回家上政治课吗？"孙玉兰心里满是疑惑，她不知道丈夫要对她说什么。

"昨天我看到一组数据。光是1958年一年，全国新增的职工就多增了97.2亿斤商品粮。多一张嘴就多一碗饭啊！为了保证城镇居民基本商品粮供应，国家不得不加大对农村粮食的征购量。1958到1960年，两年，每年的征购量都在1000亿斤以上……"

"是不是你又要回粮管所？"孙玉兰被油烟呛了，侧头打断丈夫的宣讲。

张富清笑了起来，连连摇头："那倒不是。"

"那你跟我说这些干什么？"

张富清继续说："去年全国自然灾害，许多地区减产减收，粮食供应紧张。我们都有切身体会，供应粮油都减少了，是不是？"

第六章　贫贱夫妻百事哀

孙玉兰连连点头:"是啊,我淘个米都怕丢一粒啊……"

"中央领导很操心这个吃饭大事。他们说有两条路可以选择:一个是挖潜力,继续挖农民的口粮;第二个,就是城市人口下乡。玉兰你想想,自然灾害严重,广大农民普遍生存都困难……中央怎么会选择第一条?"

"是啊,不会,当然不会的。"孙玉兰也能感受到此时此刻的粮食困境,前不久她曾亲眼看到一些农民上山挖蕨根、挖葛根、剥树皮……但她对克服困难有信心。

"玉兰!你知道上个星期我去县里开的是什么会吗?"

孙玉兰摇摇头。

"中央发出了精减职工、压缩城镇人口的指示。要求从现在起,三年内必须在全国减少2000万以上的城市人口!"

"这么多啊!那,那些人怎么办?"孙玉兰为他人忧心,就是没想到可能与自己有关。

"从哪里来,回哪里去。"张富清说,"加强农村生产力量,全民共渡难关!"

一直听到这里,孙玉兰都没觉得丈夫的一席话,到底跟自己有什么关系。

"吃饭!回家吃饭!"

孙玉兰快步走出区委大院大门,大声招呼孩子们。

二

眼看离县里规定的工作时间越来越近,三胡区的职工精减,还是难以推进,冷冷清清、冷火湫烟,实在是"狗咬刺猬,无处下嘴"。

按照国家政策,凡属于1958年1月以后参加工作的、来自农村的新职工,都属于精减范围。就人数来说,三胡区符合精减条件的不超过十个人,但这些人中干部家属占多数,大都是农村子女被招工进城,好不容易吃上一份商品粮,谋了一个旱涝保收的城镇饭碗,现在你让他们回农村种地,继续过脸朝黄土背朝天的日子,不理解、不情愿的程度可想而知。这些人的抵触情绪非常严重。当时这个政策在全国推进时,都是困难重重。

得知张富清分管精减工作,孙玉兰也替他捏了一把汗。一连几天,张富清都回来得很晚,除了白天一个个找人谈话,晚上还要挨家挨户去做动员,大道理小理由,舍小家为大家,耐心细致地做工作。

毫无疑问,张富清捧着一个"烫手山芋"。

难得有个星期天休息,张富清上午跑了几家,下午便回到家给孙玉兰帮忙。每个星期天,孙玉兰都要备足柴火,烧上几大锅热水倒进大木盆,把孩子们一个个洗得干干净净。洗完澡,就着热水把脏衣服泡泡,就更好洗了。

看着孙玉兰蹲在地上洗衣服,张富清忙说:"玉兰你歇会儿,

第六章　贫贱夫妻百事哀

我来帮你洗！"

"有事你就说。"

孙玉兰等待着。

张富清伸手去搓衣服，忽然冒出一句："我想把你减了。"

"你说什么？"

"我想把你减了。"

"……把我减了？什么意思？"

孙玉兰将信将疑，好不紧张。

张富清笑了："我是说，把你的工作减了。"

这一下孙玉兰算是彻底听明白了，当头挨了一棒似的，半晌没有吭声。

"听我说玉兰……这是国家的大政策。"

孙玉兰是一个性情温和的女人，平日很少生气。

但是那一次她很是气愤："别骗我。国家大政策我懂，我们供销社传达过。说的是1958年以后参加工作的，我不在那个范围内。再说，精减是哪里来回哪里去，下放回原地参加劳动生产。不管看哪一条，我都不在精减范围。你把我减了，是让我回咱们洋县吗？回双庙村？我走了孩子们怎么办？你怎么办？不回老家我去哪儿种地？来凤县有我的地吗？三胡区能不能给我划一块？划在哪儿？我不能在区委门口种地吧……"

"别生气玉兰！"

张富清见妻子嗓子里带着哭音，一时不知所措。

"我就是要生气！你这是要断咱们家的活路！"她说着，狠狠地甩开手里的衣服，起身而去。

踉跄几步，又回头质问："靠你一个人的工资养活全家吗？能养活吗？"

夜深人静，孩子们都睡了，张富清见孙玉兰似乎气消了，又跟她说起精减的事情：

"我对不起你，我也不想这么做。但要完成任务，领导自己要过硬。光说别人没有用，劝别人也没有用。手电筒不能只照别人，不照自己。只有先从自己身上开刀，执行政策才能坚决，动员别人才好做工作。"

见孙玉兰还是没作声，张富清又说："还记不记得那次从忠堡回来我说的那些话？"

"你天天和我说话，哪里记得！"

孙玉兰没好气地说。

其实，她怎么不记得？怎么会忘记那一次他参观忠堡大捷战场遗址之后回家来的情形？

记得，每句话都记得！

他说，站在老鸦关的制高点上，他想象着15年前红军在这里打大胜仗的情景，心中感慨万分。

他还说，站在那里，有一阵儿他突然产生幻觉，看到了身边一个个倒下的战友，烈士的鲜血染红了山野……

后来，他紧紧攥住妻子的手："玉兰你说说，不努力工作行吗？

我要是不努力工作，怎么对得起那些牺牲的战友？！"

……

但是，孙玉兰不想说她记得，尤其不想说她记得最清晰的不是丈夫的某句话，而是他当时的激动神情……

"记不记得你当时怎么说的？"

孙玉兰还是不吭声。

"你对我说，我支持你，我们都支持你。——是不是你的话？"张富清笑一笑，问道。

孙玉兰点点头，老老实实承认自己的承诺，可她还是一脸委屈：

"我的账做得很好，一分一厘都没有差过，不偷不抢，也不占别人的便宜，没有拿过公家一分钱的东西……"

三

三胡供销社主任看到孙玉兰拿来一份"辞职申请"，惊异得瞪大眼睛，等他一再确认自己没看错时，警惕地问："这个事情，张区长晓得么？"

孙玉兰点点头，有苦难言。

主任又说："你可要考虑好啊孙玉兰同志，这份工作，可是人家想要都要不到的啊！再说，张区长在这儿工作，你能去哪儿？种地都没个地方啊……总不会回陕西老家吧？还有，几个孩子要养活，光靠张区长那点工资行吗？"

"谢谢主任，我考虑好了，支持老张的工作。"

"哦？！是这样的，这个……"

"他先从我这开刀，我问他你把我搞下来，我犯了什么错误；我从来没差过款，也没有偷过东西，你为什么把我弄下来。他说你下去我好搞事。"

说着说着，孙玉兰越说越激动，越说越委屈，为了掩饰，只得苦涩一笑，扭身出门……

主任追出来："没事吧，玉兰同志……"

从主任那儿出来，孙玉兰回办公室收拾东西。在那张平常做账的老木桌前，她不声不响站了好久，两眼噙泪，依依不舍。

一个1955年参加工作的在册职工、单位的先进工作者，就因为身为副区长妻子，"嫁错人了"，"主动辞职"？

就因为副区长要完成他的工作任务，妻子需要作出牺牲，自愿放弃这个令人羡慕的"金饭碗"？

那天，孙玉兰穿过熙熙攘攘的供销社柜台，独自走出大门时，忽然觉得今天的太阳明晃晃直扎眼睛，照得她脑子里一片空白，整个人轻飘飘的……

她高一脚低一脚地走着，突然眼前出现一个瘦弱的身影。

那是张富清！

他到供销社接妻子下班。

这是第一次，也是最后一次。

从此之后，副区长的妻子便不再是供销社国营单位职工，而是

第六章　贫贱夫妻百事哀

一个拿钱买东西，又拿不出多少钱消费的普通顾客了。

孙玉兰站住，心里委屈翻腾，差一点哭出声来。

街上有人，她不好意思去抓丈夫的手。

张富清接过一个袋子，打量了妻子一眼说："精减工作解决了。委屈你了。今后只要在家，我多帮帮你。"

听见张富清这么一说，孙玉兰不禁回头，朝那栋熟悉的楼房望去，泪水还是止不住落了下来。

此时此刻，她辞了工作，从此以后与"国家职工"这个带着一份荣耀的身份再也不相干了。

没有工资收入，没有国家职工享受的公费医疗等福利待遇……

辞职后最初一个月，孙玉兰一心一意照顾孩子、料理家务。一日三餐，洗洗涮涮，闲下来看看报纸、听听广播，日子也就这么日出日落、平平淡淡地过着。

只是她老是不愿出门，尤其不想再到供销社，买点东西都让孩子们去。熟人熟脸的，她真是不想解释这解释那，怪罪这怪罪那。辞了就辞了，你自觉自愿的，没有谁拿刀逼着，有什么好说的？

到了下个月发工资的时候，张富清交给她一份，她还习惯性地指望自己那一份——愣了片刻才想起，她的那一份工资永远没了！"半壁江山"垮塌了！

这个家，从此要靠张富清一个人的工资支撑，六张嘴要靠一个人养活！

过去两个人拿工资，虽说并不宽裕，常常捉襟见肘，但比起那些"半边户"家庭，还是差强人意。

如今不一样了，他们家甚至还不如"半边户"了。

昏暗的灯光下，在孩子们的鼾息声中，夫妻俩将张富清那份钱捏在手里，数过来，算过去，分过来，拿过去，每一天都需要计算支出数额，每一分钱都得精打细算：

先把粮食、油盐等生活必需品买回来，再算上少量蔬菜肉食，除去几个孩子的日常花销，余下的已经寥寥无几……

如果再算上必不可少的人情开支，那就只得提前透支了……

孩子们穿得比农民的孩子还要破烂，补疤连着补疤，老师都看不下去了。实在不能对付，硬是需要添置点，也只能做好孩子们的思想工作，一年一个轮着买，或者大的穿了，小的"捡旧"接着穿！

这样勉勉强强过了几个月，每一天都紧紧巴巴，每个月都入不敷出，每分钱都恨不得掰成两半花……

孙玉兰，这个曾经挣工资的女主人，硬是觉得实在是过不下去了……

有一天做菜，忘记了放盐。张富清一边吃一边笑："我们家再穷，也不至于买不起盐吧！"

听得孙玉兰直想哭。

张富清看了妻子一眼，意识到自己话没说好。

"对不起，玉兰，难为你了！"他接着又说，"如果还要省，就把我个人的开支省了。"

"不抽烟不喝酒，能戒的你都戒了，还能省什么？"

孙玉兰满含辛酸。

张富清笑了:"从今年起,我就不买衣服了。"

四

有一天到集市上买菜,孙玉兰听到旁边的两个人在聊天,大意是有户人家的老人身体不好,想请个保姆做饭。

她立即上前细细打听,第二天便主动登门,好说歹说做上了。

"你是区长娘子,哪能要你伺候?"

"区长的孩子也长着一张嘴啊!"她笑呵呵地回答。

但这份工作只做了个把月。一来老人的口味不好招呼,孙玉兰一个北方妇女,本地饭做得不地道;二来,顾了老人家的家,就顾不好自己的孩子。

又有一天,孙玉兰上街买柴。那时候,不管是街上人家,还是农村人家,家家户户都有一口大柴灶。烧的都是枯树干柴,吃的都是原生态的柴火饭。

每个赶场天,背柴卖的乡人不少。木柴也分三六九等,价钱也是高低不同。那些劈好、捆好的,被当地人称为"经烧"的柴,价钱自然贵些;相反,随便在山上砍来的、粗细不同的毛毛柴,就要便宜得多。

孙玉兰转了半天,钱捏在手里捏出汗来,还是舍不得花在几片木柴上。当然,她知道一分钱一分货,价钱好的柴确实"经烧"。

思想斗争半天，后来她还是只买了两捆毛毛柴……

背着毛毛柴回家的路上，她脑子里突然灵感骤生：为什么要买柴，我要自己去砍柴！

不是一直在念叨着找个事情做、多少分担一点家庭负担吗？

现在事情有了：砍柴！

对，去山上砍柴，既可以自家烧，多的还可以卖了赚钱！

这样想着，孙玉兰觉得脚步都轻快了许多。

集镇太小，没有多少做事挣钱的机会。而且熟人熟事，你不怕丢面子，别人还怕得罪人呢！现在好了，我买柴要花钱，砍柴就等于挣钱……

没过几天，孙玉兰就跟着镇上几个砍柴的孩子，溜溜滑滑进了山。

进山以后她才知道：砍柴不容易，这是个技术活！

首先，你得先学会认柴，哪些可以砍、哪些不能砍，哪些好烧、哪些不好烧，哪些是湿柴、哪些是干柴……

还有砍柴、捆柴、背柴，都是大有讲究的。

好在孙玉兰是农家出身，有点无师自通，也没那么娇贵，不怕荆棘刺丛划破皮肉……

但是，山里虫多、蛇多，也常常把她吓得要命。

有一天，在山上渴了去喝山泉水，正要直起腰，一个孩子突然冲着她大喊：

"莫动！"

第六章　贫贱夫妻百事哀

她不知道发生了什么:"怎么了?"

看孩子的惊慌样子,真不像是开玩笑的。于是她顺着孩子的目光朝上一看,吓得脸都白了。

原来那上面吊着一条粗粗大大的蛇!

她不怕狗,但怕蛇。

她埋着头不敢多看,感到脊背发凉,手脚发软……

直到那个孩子不再惊慌,抓起一根棍子走到她面前,鼓足勇气,把蛇挑了下来——原来,这条蛇早已死了!

晚上回到家,孙玉兰笑嘻嘻讲起白天碰到的惊险。"农民出身,一辈子都怕蛇!"

张富清心疼得不得了,一把抓起她的手:"对不起,玉兰!"

孙玉兰笑笑:"说了不许说对不起的。"

原来,自从辞职下岗后,张富清不止一次道歉,总说对不起妻子,孙玉兰便给他立了一个规矩,今后咱们一家人,不许说"对不起"这句话。张富清今天违反了"家规"。

"当保姆、打柴都不是长远之计,"张富清看着妻子日益憔悴,手上的老茧仿佛树壳,"关键是太苦了,我和孩子们都心疼。"

"那我能干什么?"

"这个我都替你想过了,还是去学门手艺吧。"

"手艺?什么手艺?"

不久,孙玉兰就开始跟着裁缝师傅学缝纫,去缝纫社帮工,一件衣服可以赚几分钱。

后来慢慢熟练了，熟能生巧，又开始学习做便衣，一件衣服可以得几角钱。

便衣上面要盘好几个布扣，很花时间，有时候她就把衣服带回家做，等到孩子们做完功课以后，也可以帮着做盘扣……

不光两姐妹做盘扣，两个儿子也一样心灵手巧，做得不比姐姐妹妹差。

两个儿子懂事早，小小年纪就开始分担家庭的重担。下午放学，他们先去附近生产队地里，睁大眼睛寻找别人挖地时漏下的洋芋，宝贝似的捡回来，交给妈妈当晚饭……

而且孩子们从不怪罪，爸爸为什么要把妈妈的工作弄丢了……

五

张富清1959年到三胡区工作，一直到1975年才调往卯洞公社。

在这个被视为"穷三胡"的地方，失去工作的孙玉兰，只得靠丈夫一个人的微薄工资养育着四个孩子，勤扒苦做，精打细算，才熬过了这辈子最贫穷、最艰难、饥一顿饱一顿的日子。

大女儿张建珍是张富清夫妻俩来到来凤第一年出生的，打小乖巧伶俐，一张小嘴能说会道，而且长得酷似母亲，双眼皮、大眼睛，皮肤白白净净。父亲在县城工作时，总喜欢带着她外出上街，许多同事都认识这个蹦蹦跳跳的"小尾巴"。

张建珍四岁到三胡，当时只有一个两岁的弟弟张建国。接着，

第六章　贫贱夫妻百事哀

1961年小妹张建荣出生了，1962年小弟张健全也出生了。这样，她就是四个兄弟姐妹中享有"领导地位"的"大姐大"了。

然而，天有不测风云，人有旦夕祸福。1965年，张建珍上小学三年级的时候，猝发高烧，倒地昏迷，两脸通红就像烧红的烙铁一样，不知缘由地高烧42度，什么药也降不下来体温，号称包治百病的老中医也无能为力……

而在此危急时刻，孩子们的父亲却在数十里之外大山深处的乡村检查粮油工作。

既不知他此时究竟在哪座山、哪道岭，奔走在哪条山路上，也无电话可以联系，不知他昨天到了哪个大队、今天要去哪个生产队……

两天之后，父亲回来了，但此时可怜的孩子已经错过最佳治疗期……命是保住了，但因为脑膜炎留下了永久的后遗症！

作为慈父，张富清懊悔不已，觉得是自己不在身边照顾才造成这种恶果，一辈子愧对女儿！

作为慈母，孙玉兰悔恨终生，觉得是自己一时大意抢救不周，才铸成女儿的一生悲剧，她甚至愿意拿自己的生命换回女儿的健康！

…………

从1965年起，张富清和孙玉兰夫妇便开始为大女儿寻医问药，四处治疗，不但走遍了来凤、恩施、武汉和长沙的多家医院，也省内省外找过许多名老中医、山上山下试过许多民间偏方，但终归不见效果，每次都失望而归……

孙玉兰绝望了，哭泣着："建珍的病我们没有办法了，真的没有办法……"

张富清热泪盈眶，哽咽着说："我一辈子最对不起两个人，一个是我母亲，她生病、去世，我都不在身边，甚至因为工作忙，没能给老人家送终；第二个就是建珍，她是我们第一个孩子，掌上明珠，却因重病突发，抢救不及时，耽误治疗，导致她终身残疾……"

孙玉兰对张建珍说："建珍啊，爸妈没办法救你，你认命吧！"

张建珍似懂非懂，但她连连点头。

张富清拉着女儿的手，一字一顿地说："你别怕，不要担心，只要爸爸妈妈活着，我们就养着你，不管到什么时候，我们三个人一起生活！"

第七章

卯 洞

直嘎多,里嘎多,(要吃饭,就要挖土)
食比多,子弄多,(要吃肉,就要喂肥猪)
丝巴大朵棉花榨,(要穿衣就要种棉花)
客里那耶打它朵中。(要生活就要劳动)

——土家歌谣

来凤县卯洞公社百福司镇

第七章 卯 洞

一

1975年，51岁的张富清从三胡区调到距县城50多公里的卯洞公社工作，担任卯洞公社革委会副主任，分管财贸和机关工作。

卯洞，这个地方不但在来凤县十分著名，就是在恩施，在湘鄂川（渝）三省（市）交界之地，在整个酉水流域，它也是大名鼎鼎。

卯洞除了是个公社名称，还真是一个洞。

一个220米长、38米高、58米宽的天然巨洞，是个横跨酉水河的大自然奇观！

卯洞附近，有一个彭、田二姓土家人聚居的兴安村，山坡上矗立着一块截面为三角形的界碑，阴刻隶书"湘鄂川三省交界之地"字样，界碑的三个平面，分别对着湖南、湖北、重庆（原属四川）三省（市）。

站在这里，你才明白，这就叫"一脚踏三省"！

另外一种说法，叫"天高皇帝远"！地处三省边地，离各自的省府县衙上千里，省府县衙鞭长莫及，因此由当地土司管辖400多年……

在卯洞附近，有一个名叫舍米湖（土家语，意为阳光照耀的小山坡）的土家族聚居的小村子。全村170户600多人都是土家族人，其中90%以上的人姓彭。据村里老人讲，他们都是唐朝末年迁居此地的彭姓先祖彭相龙的后代。村里人世代务农，民风淳朴，不沾赌、不沾毒，唯独好跳摆手舞。

这里有个"摆手堂"，就建在村中一片山坡上，是土家族祭祀祖先和庆祝丰收的集会场所。堂内供奉着土司王彭公爵主、向老官人和田好汉三座塑像，三个土司王分别代表着当地彭、向、田三个强宗大姓。就是今天，彭、向、田依然是当地的三个大姓。

舍米湖碑刻记载，摆手堂建于清顺治八年（1651年），已有数百年历史。整个来凤县现存摆手堂三处，最大最完整的就是舍米湖摆手堂。因其年代久远、保存完整，被誉为"神州第一摆手堂"。

每逢新春佳节，舍米湖摆手堂都热闹非凡。男女老少披红戴绿，场内松树上张灯结彩，人们齐聚摆手堂，手之舞之、足之蹈之，围绕松树载歌载舞，鸣锣击鼓，通宵达旦。

摆手舞动作简单，但大方洒脱，气势逼人，刚柔兼济，粗犷而优美。主要是对土家人生产生活的情景演绎，对当地耕种、收获、狩猎以及禽兽活动的模拟再现。

摆手舞，作为中国首批国家级非物质文化遗产之一，就是在舍米湖这个小村里保存、发掘、教学、传承，并从摆手堂出发，在湘鄂渝黔广大土家族地区发扬光大的。

然而，真正使卯洞在一夜之间闻名遐迩的，却不是风景奇绝、气象万千的卯洞，不是摆手舞，不是历史上独特的土司制度，也不是流经湘鄂川（渝）三省（市）的号称"土家文化长河"的千里酉水，

第七章　卯　洞

不是明朝嘉靖年间辰州府同知徐珊所著的《卯洞集》，而是一个三省军民河东擒敌的英雄传奇！

上世纪70年代初，有一套名叫《深山歼敌》（上、下册）的连环画，由湖北人民出版社出版。

编绘者署名为：

来凤县革委会、人武部
本社美术组

没有个人署名，这是那个年代集体创作时的常见做法。

《深山歼敌》每套定价0.25元，当年发行130多万套。数次重印，总共发行480万套——其中30万套还是在香港印刷发行的。

那个年代的孩子都记得，2角5分钱，在小人书里算是高价了。城里的孩子如果靠积攒零花钱买书，需要几天不吃早点；山里的孩子没有零花钱，只得借书看、排队看……但不论城市还是乡村，不管你用什么方法弄来小人书，有一点可以肯定：当时，在中国小孩子的书包里，很少没有这套《深山歼敌》的，尤其是喜欢战斗故事的男孩子，几乎人手一套！

为什么？孩子们都想当英雄啊！

只要你的连环画讲打仗，讲战争，讲杀敌立功炸碉堡，讲英勇机智抓特务……男孩子就喜欢得不得了。

那个年代，中国的男孩子多少都有点英雄情结！

而《深山歼敌》所讲、所画的，正是打仗抓特务的传奇故事：1949年新中国成立后，漏网残匪彭卓安，仍然野心勃勃贼心不死，阴谋与美蒋特务勾结，妄图在武陵山区建立所谓"川、湘、鄂游击走廊"。

一天深夜，一架敌机飞临湘、鄂、川三省交界的来凤县卯洞上空，将一个代号叫"龙山行动组"的海外特务组织，空投到河东管理区揑车坪村响水洞的一片山林里……

但是，新中国的卯洞人民，早已在中国共产党的领导下，布下天罗地网严阵以待。他们积极配合解放军，全歼空投特务，缴获了大批空投武器，生擒了匪首，取得了清匪反特的伟大胜利！

故事精彩吧？起承转合，一波三折；绘图也精美生动，每一张图都栩栩如生，每一幅画都洋溢着浓郁的民族风情……

于是，在1972年的来凤县，县新华书店创下了史无前例的"来凤县城万人排队买《深山歼敌》"的盛况。

因为大家知道，《深山歼敌》讲的是惊心动魄的来凤故事，画的是多姿多彩的土家族风情！

那时候，来凤县城只有一家新华书店。书店不大，实在不能容纳太多读者。

新书《深山歼敌》到店第一天，就被读者包围了。排队的长龙一直延伸到大街上。因严重堵塞交通，不得不紧急调来公安民警维持现场秩序。

不想排队也行，那就在各个单位、各个乡镇参加集体预订。报

第七章 卯洞

上数字，交钱，不几天新华书店就送书上门。有时候，书店职工背了满满一背篓书来了。

可以毫不夸张地说，当年在来凤，几乎所有上学、没上学的孩子，几乎所有家长、非家长，都购买了至少一套《深山歼敌》。

当时张富清还在三胡区工作，那一天正好按照领导的要求，到县委送一份材料。

走在街头，见大家都在争先恐后排队购买《深山歼敌》，他想到自己家的孩子，也买了一套。

他想，既然家里穷，孩子们的衣服是每年轮着买、大小接着穿，那么，小人书，也轮着看吧！

可他没想到，15岁的长子，三胡中学的学生张建国，已经拿自个儿锤石子挣来的零花钱，专程跑到城关，排队买了一套。

张富清素来节约，他的工资都是交给妻子，一分一厘精打细算，一天一天慢慢花的。但这一次，他没有批评儿子乱花钱，反倒表扬儿子做对了。

儿子说："我们班上吃商品粮的都买了，农村户口的也有几个买了，再不买就对不起你了……"

张富清一听，苦苦一笑，表扬道："你做得对，从小就要学英雄、立大志，长大才能有用，做一个合格的革命事业接班人！"

张富清说的并不是官话、不是套话，他一直就是如此严肃、如此正统地教育孩子们。

在教育子女的问题上，他是一个脾气好、很和善的人，对孩子们少有严厉批评,也很少有讲大道理的时候,更不伸手打人。他一向讲究言传身教。除了用自己的行动一点一滴引导孩子们健康成长,再就是很注意给孩子们讲点时事新闻、讲点历史故事,特别是革命先烈、英模人物的故事,尤其是发生在身边的英雄故事……

第二天,当他听到两个儿子正在你一言我一语地热烈讨论《深山歼敌》的人物故事时,便插嘴说:"画书上的人物都是有原型的。比如书上的张猛,其实就是卯洞的民兵连长张德友!还有彭昌松、田兴富……他们都是很好的同志,都是我们身边的英雄、活着的英雄啊!"

张建国和张健全不禁大惊。

"啊?爸爸认识啊?"

"您真的认识英雄人物么?"

张富清微微一笑,平平静静地说:

"谁是英雄?就是一不怕苦二不怕死的人,就是一心一意为人民服务的人!"

明白啦,记住啦!兄弟俩点头称是。

张富清讲的,其实孩子们也大致知道一些,只是版本略有出入罢了。

但孩子们仍然听得一惊一愣的,对每一个细节都充满好奇,对身边的战斗英雄敬佩不已。

张富清只好许诺说:"哪天有机会,爸爸带你们去卯洞,亲眼见见《深山歼敌》中的英雄原型!"

第七章 卯 洞

一句话，等于给了孩子们一个盼头、一个向往。

当然，那时候孩子们并不知道，他们的父亲，瘦瘦小小，寡言少语，看上去普普通通，不过是个基层乡镇干部，但实际上，竟是立有赫赫战功却深藏不露的战斗英雄！

他们的父亲，这个当过兵的父亲，即使和自己的儿女朝夕相处，也不吐露半点当年的功勋！

二

百福司镇是卯洞公社机关驻地。

这个镇，原称"百户司"，原指元明清土司制度下，皇帝封给当地向姓土司的一个官职等级；这里曾先后设立军民宣抚司、卯洞安抚司、百户司等，土司制度延续400多年。清雍正年间"改土归流"，土司制度烟消云散，这里不再是土司辖地，但留下了"百户司"这个地名。

民国时设"百户乡""百户司镇"。后因"户"与"福"谐音，且"福"有吉祥之意，于是改"百户司"为"百福司"。

百福司的码头是酉水上游第一个水码头，"自改土而后，披荆斩棘，行李往来，遂为三省之要区，四冲之捷径"；这里也是三省边区有名的重要商埠，比来凤县城开发得早，也繁华得多。

当地盛产油桐、油茶、生漆、五倍子等，尤以"金丝桐油"闻名于世。

早在清同治年间，百福司桐油商号就达数十家，由官府发给牙帖经营。为保证桐油质量，清道光年间还由油商共定《卯洞油行永定章程》，并刊版垂碑，保留至今。

新中国成立后，1953年，政务院给金丝桐油颁发了"来凤桐油，质量第一"的锦旗；1958年，卯洞获国务院颁发的"卯洞桐油，质量第一"的奖状；1968年，在湖北省桐油质量评比中，金丝桐油名列榜首……

金丝桐油向来是来凤山货土特产出口大宗，无论产自哪个乡镇，都要肩挑背扛运到百福司镇，然后在百福司码头装上木船，走水路，顺酉水而下，汇沅江，漂洞庭，入长江，抵武汉……

张富清调到卯洞不久，就参与组织了一次欢送大船下水远航的群众活动，同时也目睹了这"万担桐油下洞庭，十万杉条达九州"的壮观景象。

那天，酉水两岸忽然来了数千土家人，他们都是从云雾深处背着背篓下山的，从附近村寨到镇上赶场。活动临时搭了一个主席台。张富清作为分管财贸工作的公社领导，几乎是喊叫着宣布欢送大会开始！

随后，人们在沙滩上摆上案桌祭河神，百福司文化站的男女演员跳起摆手舞。

张富清知道，无论是供猪头，还是烧纸、燃香、放鞭炮、打三眼铳，都是表达一个共同的心愿：祈祷驾船远行的男人们一帆风顺，早日平安归家，家人们眼巴巴地等着你们！

第七章 卯 洞

那时候,百福司镇上有数十家船只加工厂,最大的有两家:一是县国营造船厂,二是卯洞公社造船厂。造船厂采用本地盛产的上等木料造船,所造船只载重120吨左右,木船造好后装满桐油,从酉水河走出土家山寨,最后连船带油一起销往荆沙、武汉及江浙一带。

这些船工的归家之路,就是卖掉自己的船后,重新坐车搭船,甚至凭着山里人的双脚,一步一步、一路一路走回家!

那时,镇里除造船等加工收入外,还有大量的烟叶、花生、药材、棕片、五倍子、生漆等山货土特产销往外地。镇上手工编织的藤竹民族工艺品甚至漂洋过海,出口到好几个国家和地区。

张富清作为分管公社财贸工作的领导,认为既然我们的金丝桐油享有"来凤桐油,质量第一"的美誉,那么就不能满足于"靠山吃山照天收",而要主动出击,积极发动群众:一方面加强老林管理,牵头建立护林员制度,禁止砍伐和放牛;另一方面,要带领群众开荒植树,把四五千亩的山坡变成梯田,栽上油桐树和茶树。

他不是说说而已,第二天就打起背包下乡了。

他还到广西一些山区考察,借鉴别人的经验,办起公社自己的林场。

很快,卯洞的林业发展在全县出了名,县里召开现场会推广,外省的同志也来参观。

他还组织几个生产大队办起了畜牧场,既解决了当地群众吃肉难的问题,又为植树造林提供了所需要的农家肥。

两年后，汗水换来收益，每个小队年收入都增加了两三千元，群众生活明显改善。

40多年过去了，如今来凤县又开始加速发展桐油产业，还打出了"来凤桐油甲天下，卯洞桐油甲来凤"的广告。

看到电视上的桐油广告，95岁的张富清莞尔一笑，倍感欣慰。

三

张富清调到卯洞公社，他的家人——妻子孙玉兰，还有四个孩子，也都一股脑儿搬到了卯洞公社机关所在地——百福司镇。

一家子总要有个住处。他本可以提出自己的要求，请组织上考虑他家大口阔的现实，但当时机关住房紧张，腾不出像样的空房，他便不挑不拣、随遇而安，在一个闲置已久、形同废墟的破庙里安家了。

房子一大一小两间，才30多平方米。新家的窗户很小，又高，屋里不通风，光线暗淡。每天烧水做饭的煤炉，只好放在屋后的阶檐坎上。

那一年，几个孩子分别是20岁、18岁、14岁、13岁，而20岁的大女儿身体不好，需要特别照顾。

好心人提示孙玉兰，既然张副主任分管机关，让他给家里找一处好点宽点的房子，应该不难，别人也不会有意见。

她笑笑：我们一家，任何时候都听老张的。他觉得能解决的，一定早就想办法解决了。

第七章 卯 洞

旁边的人又说：张副主任分管供销社，掌管着全公社物资供应，卯洞船厂又是县里的财政支柱，金丝桐油走俏全国，是重要的外贸商品，他给家里人安排个临时工，别人也不好说什么呀！

孙玉兰回答说："是的，我没工作，建国也要高中毕业了，老张确实应该为这个家考虑考虑……但是，如果那么做了，我们家老张自己会觉得过不去。他宁愿自己家人受点委屈，也不想别人说闲话呀！再说，我现在已在缝纫社找到了临时的活儿，也很好，每个月可以得十来块钱，多少可以贴补家用！"

走进这个家，除了几个木头盒子和几床棉被外，最豪华的东西，就是那口从武汉带到来凤的大皮箱了。

每一次搬家，孙玉兰最最惦记的就是那口皮箱——这个家最贵重最"奢侈"的"镇家之宝"。20年来，皮箱一直跟着他们，从武汉到来凤，从县城到三胡，一直放在她和张富清的卧室里，只不过都是锁着的。

这次从三胡搬到卯洞，孙玉兰陡地意识到，不但他们年龄渐长、孩子渐大，老皮箱其实也已经很旧很旧了。她坐下来，细细地把它擦洗了一遍，才搭上凳子把它放在高处。

张富清晚上回到家，别的没注意，偏偏就发现旧皮箱变新了许多，他还特意表扬了孙玉兰。

"就你眼睛尖啊！"

这个"尖"字是来凤方言。

…………

有一天，孙玉兰晕晕乎乎地好像听见有人在哭，猛地睁开眼睛，一看是自家的几个孩子！

这是在哪里？你们哭什么？

她用力想坐起来，四下打量，忽然发现自己不在家里，而是在医院的病房里！

她看见了几双红红的眼睛——哦，是大儿子、小儿子、小女儿正围坐在她的病床边。小女儿还在抽抽噎噎地哭！

她感到奇怪，连忙问："我又晕倒了吗？"

这不是孙玉兰第一次住院，才40岁出头的她体弱多病，常常头晕无力甚至晕倒。

大儿子说："妈，你在家里昏倒了，幸亏小妹发现，她想把你搬到床上，但她搬不动，也不知道叫别人，就知道坐在你身边哭……直到我回家，才叫上弟弟帮忙，把你送到医院。"

孙玉兰一听就急了："不，妈不住院不住院！走！回家！回家！"

一边喊着，一边挣扎着要爬起来，但儿女们的三双手紧紧抓住她……

那一次住院，孙玉兰住了整整一个星期，孩子们轮流陪护她。而张富清正在遥远的乡下蹲点，根本没让他知道。

出院时，医生跟孩子们交代：回去让你妈多休息，搞好营养，切忌劳累过度！

回到家，孙玉兰就把医生的话忘得一干二净，一切照常，一切依旧，日常家务和缝纫社的加工活，一件都不耽误……

第七章 卯 洞

四

有一天，30 岁的公社办公室主任杨胜友，陪同年过半百的张富清下乡。

正是农忙季节，他们披着蓑衣，戴着斗笠，冒雨下乡检查农业生产。

走在稀泥烂浆的山路上，张富清的鞋子穿烂了，他们便来到与百福司相邻的安抚司供销社买草鞋。

到了卖草鞋的柜台，售货员笑脸相迎，立即拿出大堆草鞋供他们挑选。

看了一会儿，张富清皱起眉头，他发现大部分草鞋不是没有耳子，就是没有后跟！

"你这草鞋质量太差了！"

售货员不知道这人是谁，便不冷不热地说："穿草鞋还讲什么质量好坏？想买就买，不买算了。"

张富清一听，顿时气不打一处来："你们把这些坏草鞋卖给老百姓，还有没有良心啊！"

售货员被张富清的阵势吓住了。

本来以为眼前这个农民模样的人，也就是个常年穿草鞋的山里人，哪知道他竟然是卯洞公社的大干部！

售货员羞愧难当，连连道歉。

但张富清板起面孔,继续批评道:"我是干部你就道歉,就觉得不该把这样的草鞋卖给我;那你们是不是已经把很多不合格的草鞋卖给农民了,他们条件艰苦,等着母鸡生几个鸡蛋,才弄来一点钱买草鞋,你们就这样昧着良心欺负他们!"

"我检讨,我检讨……"

售货员急得快哭了。

说罢,张富清对杨胜友说:"小杨,你现在就去把供销社负责人叫来,我要看看到底是谁的责任!"

张富清就在供销社门口坐下,一直气鼓鼓的,售货员端来的茶,他一口也没喝。直到杨胜友叫来供销社负责人,张富清明确要求要对相关责任人作出严肃处理之后,他们才离开安抚司供销社。

张富清最终没买草鞋,继续拖着他的烂鞋子,深一脚浅一脚地奔走在山路上……

杨胜友知道,张富清是穷苦人家出身,当过兵,所以他最看不得半点损害群众利益的事情。

他平时性格很温和,但遇到这种欺负群众的事情时,便忍无可忍,也不会留半点情面!

还有一年春天,张富清在安抚司主持召开水稻育秧现场会,推广育秧新技术。

会上,少数大队和小队的干部,既表示完不成推广任务,又想方设法寻找借口……

张富清很是生气。

第七章 卯洞

他大声质问:"为什么有的队按要求做到了,有的队就做不到呢?"

说到气头上,他把帽子一揭,桌子一拍:"有的同志不要光想着困难,再难,能与革命前辈流血牺牲打江山比吗?"

顿时全场鸦雀无声,谁都不敢吭气。

其实,那次会议之前,大家很少看到过张副主任发脾气。大家都知道这个天天戴着帽子的干部脾气温和,不管在哪个大队生产队,他对干部群众都是客客气气的……

当然,当时大家心里也都清楚,他发火主要是因为,推广3000亩育秧新技术,每年可节约3万多斤种粮,还能大幅度增加产量,完不成他心里着急啊!

那一年,在张富清的强力推动下,安抚司全面完成了育秧新技术推广任务。

五

1976年初春,公社召开春耕生产工作会议,张富清见到了当时卯洞公社最大的新闻人物——赴京出席了四届人大一次会议的全国人大代表彭昌松。

这个彭昌松是谁?他就是《深山歼敌》的英雄原型之一、舍米湖的民兵连长!

当时,他率领舍米湖民兵连包山、封路、围追堵截,在围剿空投特务的战斗中立下了大功,被恩施军分区授予"英雄民兵连长"荣誉称号。

不过,除了"英雄民兵连长",当地人了解最多的,则是他最早把舍米湖的摆手舞,跳上了省级大舞台!

1956年,他和另外六人组成恩施土家舞蹈队,在湖北剧场参加全省文艺调演。舞台上的大杉树上挂满灯笼,树下设一面大鼓,悬一面大锣,由一人敲锣击鼓。锣鼓一响,节奏鲜明,群起而舞,粗犷优美,巴风土韵,引起轰动。

当时彭昌松年仅23岁,但他已经大名鼎鼎,接受了中央土家族问题调查组组长、中央民族学院潘光旦教授的访问,并为中央人民政府最终确认"土家族为我国单一民族"提供了来凤"毕兹卡"(土家族)的相关资料。

此后,湖北省及武汉市多位艺术家前来舍米湖学习摆手舞,并创作了闻名全国的舞蹈《土家喜送爱国粮》。1959年,时任湖北省委书记王任重、省长张体学在武汉亲切接见彭昌松牵头的来凤县摆手舞表演队……

卯洞公社这次春耕生产工作会议期间,张富清和彭昌松相谈甚欢。就餐时,他们总是一道围着一只大菜盆,一边蹲在地上吃大锅饭,一边说说笑笑。

这天晚餐时,张富清突然想起之前对儿子们的承诺——让他们见见本县的英雄!

现在,英雄就蹲在自己面前,呼噜呼噜吃饭喝汤呢!

第七章 卯 洞

于是,他和彭昌松约定:"明天散会后到我家去一趟吧,两个儿子想见你!"

"学摆手舞啊?"

"不,他们想听你讲战斗故事!"

"你是部队上下来的,那是正宗军人;我是民兵,哪敢关公面前耍大刀啊!"

第二天中午散会,彭昌松谦虚一阵、推辞一阵,最后还是去了——这一见吓他一跳:原来,这个老同志,竟然带着全家住在一个破庙里!

彭昌松十分感动,情动于中,加之多少喝了一点苞谷酒,酒助谈兴,他便原原本本讲起了当年抓特务的故事……

他说,特务乘坐的飞机是1953年2月26日从位于日本冲绳的机场飞来的,趁着夜幕低飞,我们的雷达发现不了。那时候防空条件差啊!

特务来头不小,是由设在日本的"自由中国运动"组织派遣的。这个组织由原国民党国防部第四厅厅长蔡文治创建,由美国特务肖太兹主持训练,总指挥是原国民党军长刘戡的弟弟刘育成。

"都是厉害角色!"张富清不禁感叹道。

彭昌松说,在河东抓获的特务组织叫"龙山行动组",隶属于"自由中国运动"组织的"湘鄂西指挥部"。这个所谓行动组共有四个人,其中组长一人,组员两人,报务员一人,每个人都有化名和代号,主要任务是借湘鄂西大山掩护,在龙山、永顺、来凤等六县"开展游击战"，借机颠覆大陆新生政权。

在彭昌松的精彩讲述中，在他舞蹈家特有的肢体动作烘托下，张富清、孙玉兰和四个孩子，一个个听得聚精会神、津津有味……

不过，大儿子张建国也有疑问：你们的故事发生在来凤解放初期，可为什么直到1972年，才改编成连环画、画成小人书呢？

彭昌松说："原因很简单：对外保密嘛！"

他说："对那些已被我方擒获的敌人和电台，还要'用其所长'呢！比如，东京总部发报询问来凤机场的飞机、兵力部署情况，我方便以特务的名义假装侦察一番，两天后回复：'见机场有农人放牛，未见共军。'"

他接着说："引诱敌方继续空投，也很成功。"

在我方"指挥"下，电台不时发送一些假情报，敌方不辨真假，又接连空投人员和物资，都是指到哪、投到哪。有一天晚上，湖南桑植有个地方召开群众大会，散会后一个个打着火把回家。准备空投的飞行员误以为这才是正确的空投地点呢，于是把一个行动组共三个特务，一下子投到了群众回家的路上。结果惨了，两个特务被愤怒的群众当场打死，一个报务员被活捉……

一听说特务被打死，张健全说："叫我抓住也要打死他！"

张建国却觉得弟弟幼稚："打死痛快，可是你把线索搞断了！"

张富清不介入兄弟俩的争议，而是说："敌特空投来犯，我方提高警惕，严阵以待。敌人有先进的美产飞机、美制电台，还有那么些不甘心失败的国民党残兵败将；我方有军民团结的天罗地网，

第七章　卯洞

有人民战争的汪洋大海！"

彭昌松说："人民战争厉害，反动分子千万别动新中国的心思，你敢来犯，有来无回！"

彭昌松一边翻看兄弟俩看了无数遍的小人书，一边说："大家看小人书容易，一翻就是一页，这200面一下子就翻完了……可是，要画，哪怕就画一张，也是画了撕、撕了画……"

彭昌松告诉孩子们，他1971年就认识《深山歼敌》的三个画家，和他们一起吃肉喝酒，还教他们跳过摆手舞。

"这套书，是省出版局的贺飞白、薛浚一，还有咱们来凤县文化馆的陈一豪，三个人一起画的。他们在卯洞、河东一带采访几个月，还在我家里住过几晚上。白天生产队干活，他们也一道干活，只有晚上，才有时间摆龙门阵啊，跳摆手舞啊……"

聊起家乡舍米湖，聊起摆手舞，彭昌松顿时兴奋起来，又唱又跳，手舞足蹈。什么"单摆""双摆"啊，什么"撒种""磨鹰展翅"啊，都是模拟生产、生活方面的动作。这足以证明，土家族是一个热爱生活、热爱劳动的民族！

他自豪地说，他的"舍巴日"（摆手舞）是从娘胎里带来的，是丢不掉也永远不会丢掉的东西！

彭昌松对舍米湖人祖传的勤劳赞不绝口。他说，过去每到播种时节，多数人家都种苞谷，每家每户都要用上五六十斤种子，因为农人精耕细作，加上土质好、气候佳，入秋后就能收获上万斤粮食！

现在生产队搞集体生产，一些地方田间管理不善，粮食生产受了影响，但舍米湖的粮食高产却是出名的。他当过生产队长、民兵连长，在村里总是带头苦干加巧干……

他说舍米湖有一首古老歌谣，唱的就是"要生活就要劳动"，接着，他放开嗓门唱起来——

> 直嘎多，里嘎多，
> 食比多，子弄多，
> 丝巴大朵棉花榨，
> 客里那耶打它朵中。
> …………

张建国毕竟是高中生，热爱音乐，对艺术敏感，迅速拿来纸笔，请彭昌松帮他把歌词写下来。

彭昌松说："我说汉语意思，你写！"

张建国记录的歌词是这样的——

> 要吃饭，就要挖土，
> 要吃肉，就要喂肥猪，
> 要穿衣就要种棉花，
> 要生活就要劳动。
> …………

第七章　卯　洞

张富清笑着说："土家语我可能记不住多少，但是你这句话我记住了——客里那耶打它朵中！"

张建国、张健全兄弟也连连点头，表示记住了：要生活就要劳动！因为劳动创造生活，劳动改变生活！

那天，当彭昌松走出张富清一家居住的古庙，打算回到舍米湖的家时，他热情地邀请两兄弟："你们有空到舍米湖玩啊！"

张富清急忙回答说："一定来！一定来！放寒假就来，跟你学跳摆手舞！"

他想，他和妻子不是来凤人，更不是土家人，但孩子们这里生这里长，虽说上学要填"籍贯陕西"，可实际上，孩子们都是地地道道的来凤人了。

既然是来凤人，那就应该像一个真正的本地人那样生活，像少数民族同胞那样真诚、质朴，你会不会跳摆手舞倒在其次，关键是要热爱家乡、敬重家乡，为来凤的发展进步作出应有的贡献……

那天，彭昌松已经走出去老远，背影慢慢慢慢在山间小道消失了，但他那种豁达开朗、积极乐观的生活态度，那种热爱家乡热爱土家的满腔真情，仍然久久回荡在张富清和孩子们心头——

"《深山歼敌》世界闻名，画得好，印得好，都是因为咱们来凤风景好啊！卯洞好地方呀！恩施山好水好人更好！我们舍米湖的摆手舞跳得好，全国第一啊！……"

张富清对孩子们说："彭昌松这个人可别小看，工作上敢打敢拼，生活中又能歌善舞，是个真英雄啊！值得我们好好学习啊！"

六

全家人搬到卯洞的那一年，张建国 18 岁。

从三胡转学到卯洞，只上了三个月的学，他就高中毕业了。

暂时没有事做，他就在家给母亲帮忙做些家务，或者带着弟弟妹妹打零工赚钱，多少贴补一点家用。

虽说父亲是堂堂正正的国家干部，每个月有份工资"旱涝保收"，加上母亲精打细算、勤俭持家，但是要真正维持四个儿女吃饭穿衣的温饱，实际上是非常艰难的。

在镇上，你是公社干部的子女，算是群众眼中的"镇级高干子弟"了，在同龄的孩子中，你应该穿得体面些、干净些，起码衣服上没有补丁，鞋子袜子没有窟窿，背在身上的书包也不是自己的妈妈一针一线手工制作的。

张家的孩子却是百福司镇一个特例。他们四兄妹和普通的农家子弟一样，常常穿得破破烂烂，补丁连补丁，屁股上有时还能看到"含氮量"的字样——那是妈妈拿废旧的化肥袋子缝制的裤子。

走在街上，就像几个"讨米佬"一样！

不过也无人嘲笑，在那个生活艰苦的年代，又有几个农家孩子没穿过日本进口的化肥袋子呢？

但 18 岁的张建国感到屈辱，他觉得这有损父亲的干部形象，可是他又有什么办法？每到星期天，或者寒暑假，他就带领弟弟妹

第七章　卵　洞

妹到酉水河边拣鹅卵石，一颗一颗拣到背篓里，大些的石头还得一颗一颗砸碎，一锤一锤地砸，然后背到建筑工地称斤论两去卖，一立方米的石子可卖一元二角钱——多长时间能攒齐这个一立方米的石子呢？

十天！整整十天！

可是小镇太小，起房做屋的机会实在不多，单靠这种零敲碎打卖石子挣钱，是没法改变一个家庭的经济面貌的。

除非到公家找一份有固定收入的工作！

也就是说，必须"就业"！

有一天，张建国在百福司街上碰见父亲的一位同事，对方告诉他一个好消息：恩施一家大型国营企业要在卯洞招工！

张建国好不高兴，急忙回家，把这个好消息告诉了母亲。

母亲当然也高兴不已，儿子一毕业就碰到这样的招工机会，太难得了！

张建国仍不放心消息的真假，又专门跑了一趟，去找父亲的那位同事，仔仔细细问了招工的条件。全部的条件他都符合。

父亲下班回到家，母亲忍不住连忙问起招工的事情。

张建国也竖着耳朵，想听听父亲是什么反应。

万万没想到，父亲很淡然："哦！是有这个事。你们也听说了？"

"爸！"张建国迫不及待地走到父亲跟前，"我去问过了，样样条件我都符合……"

"来，给爸倒杯水。"

张建国倒了水，递到父亲手上。

"玉兰！建国！"

当时张建国心里咯噔一下。他知道，父亲只要这样一叫他和母亲，肯定是又要做什么思想工作了。

果然，父亲淡淡地说："我一得知这个信息，就自作主张替你放弃了。"

什么意思？

张建国一听就懵了。

"放弃了？那建国怎么办？"母亲比儿子更着急，"高中毕业了，总不能天天在家帮我盘扣子吧？这种招工机会在我们卯洞难得碰到。"

张富清轻言细语地对张建国说："建国啊！我是你爸爸，更是党的干部。如果一有好事，就只想到自己的儿子，就想着照顾自己的亲属，群众对我怎么看？你是共青团员，你说，群众怎么看？"

他又对孙玉兰说："玉兰，你也别着急，儿子的事我不是不管，不是不考虑，怎么会不考虑呢？我都替他想好了。"

"想好了？"

孙玉兰迫不及待地想知道丈夫究竟为儿子想好了什么。

张建国却没有作声。

在外人看来，张富清属于慈父类型，他从来就不是那种威严的父亲，说教的时候也很少很少，他只是全身心投入工作，用实际行动感染孩子，用他的思想观念来要求孩子。

第七章　卯　洞

为此，在很多问题上，父亲也有很多他自己定下的原则。

比如在子女们工作的问题上，张建国记不清父亲什么时候表达过自己的观点：

"你们要好好学习，至于毕业以后做什么，就看自己的本事了。干什么都要凭自己的本事，不要指望我。爸爸没有本事为你们找出路，就是有，也不会给你们去找。"

张建国了解父亲，他是说到做到的。

年轻的时候，张建国甚至觉得，父亲完全没有什么家庭、亲情观念，所以才坚决让母亲辞职，才对他们的工作、前途不闻不问！

后来，张建国按照父亲的建议，像百福司镇上大多数吃商品粮的初高中毕业生一样，下放到公社开办的扎合溪林场，当了一名开荒种地、植树造林的知青。

在扎合溪林场，他和伙伴们不畏艰难、披荆斩棘。冬天住在茅棚里，耳朵被冻得快掉了，他仍然咬着牙坚持，回到家也不在父母亲面前叫一声苦。

有意思的是，张建国在林场有一个"业余爱好"被伙伴们怂恿着大放光彩，那就是教大家跳摆手舞、唱土家歌，比如《直嘎多，里嘎多》：要生活，就要劳动！

一个个跳得热汗直流，一个个唱得"鬼哭狼嚎"……

有人甚至开玩笑，说他要是不那么腼腆，胆子再大一些，完全可以给"摆手舞大王"当个"关门弟子"。

两年之后，1977年国家恢复高考，张建国考取来凤师范，毕业后成了一名中小学教师。

  1987年，张建国调到县教委工作，工作踏实、不断进步，历任普教科科长，教委副主任、主任，并任县政府教育督导室主任。

  2017年11月，张建国从县文体局退休，享受副县级待遇。

第八章

在困难的日子里

> 修了两年,只修出来一条路,可以过木头车、拖拉机,其他的车还是不行。但是,乡亲们可以用拖拉机把农产品拖出来,再也不用肩挑背扛了。
>
> ——张富清

来凤县卯洞公社高洞管理区

第八章　在困难的日子里

一

"来！有事跟你说！"

张富清回到百福司镇那座老庙里的家，进门就笑吟吟地招呼妻子。

孙玉兰猫在地上，面前是一大脚盆冒着肥皂泡的衣服，她正在搓板上一下一下用力搓洗。

"说吧！"

张富清找了一个小板凳，坐在孙玉兰对面。

看着妻子扑哧扑哧洗了一会儿衣服，他才说："下午公社召开班子会了。"

"哦。什么事？"

孙玉兰愣住了。

她一下子意识到可能有什么事情跟家里有关，不然丈夫不会在家里说开会的事情。

张富清说："县里提出社社通公路的目标，全县掀起修公路的高潮。根据县里的统一安排，我们公社必须完成一项重大任务，11个管理区个个都要通公路。每个班子成员负责一个片区，我被分到高洞。"

其实有一点张富清没有详细说。下午公社领导班子开会时，他是抢先发言的，没有谁要求，他自己主动要求去高洞片区。

"高洞？"

"对！高洞管理区。"

孙玉兰已经在卯洞公社生活了两年多，但基本活动范围都在百福司镇上和周边，下面的……不，山上的那些片区村寨、大队、生产队，她多半不熟悉。

"远不远？"

"远倒不远，离百福司30多里路。要是坐车，不要一小时就到了。"

孙玉兰通情达理地说："你去吧，反正回趟家也容易，搭个拖拉机就回来了。"

张富清憨憨一笑："等我们把公路修好了，我就带你坐拖拉机上高洞！"

孙玉兰马上明白了，高洞是一个连拖拉机也不通的地方！"那行。坐拖拉机倒是不晕车。"

她还能说什么呢？

"放心去吧！家里你放心，我和孩子们，就等着坐拖拉机爬上高洞！"

当晚，她替张富清收拾了一些日常换洗衣物，又找出床单棉絮，像在部队那样打成一个背包。

第二天一早，张富清就背着背包出发了。

第八章　在困难的日子里

从百福司镇到高洞，清一色上坡，一会儿在密林中穿行，一会儿在悬崖边攀爬，一会儿赤足涉水，一会儿又踏行于笔陡笔陡的石阶。小路弯弯曲曲迂回而上，就没有一处平地。

爬到半山腰，张富清全身都汗湿了。他取下身上的背包，准备休息一下再继续爬。刚坐下不久，忽然听到一阵奇怪的哼哼声随山风飘来，仔细地辨别、观察、寻找，他发现声音是从头顶上的山崖传来的，喘气声很粗重、很痛苦……

他知道，高洞是公社烟叶主产区，常年种植烤烟 2000 多亩。除烤烟外，每年还要向国家上交 10 多万斤公余粮。

由于不通公路，每年几十万斤烤烟、煤炭、农资、粮食和生活日用品，全靠老百姓肩挑背驮。

可是，那声音又不像人的呻吟……

张富清判断，可能是遇到野兽了！

当年武松上山，在景阳冈遇上吊睛白额大老虎；今日张富清上山，不说豺狼虎豹，跳出个獐子麂子还是可能的……

这么一想，他不禁笑了，连忙起身打量四周环境，盘算应对措施。

此时，他手上可以做武器的，除了一根做拐杖用的棍子，再就是一把当地人常用的沙刀——这还是几年前在三胡区下乡时一位老乡送的，说是张同志常常进山，路上蛇虫多，沙刀可用来"砍路"。山中，尤其在茂盛森林间会有很多小路，稍隔一段时间无人涉足，就被疯长的灌木野草掩埋住了。所谓"砍路"，就是一边走一边砍，也算是"打草惊蛇"。

奇怪的哼哼声越来越近，越来越清晰，张富清明显感觉到它就在自己头顶上方！

这时候他所处的位置，正是石阶的拐角处，头上是一块凸起的巨石。

他紧紧地握着沙刀，随时准备战斗。心里想，麂子肉可比野猪肉好吃，千万别蹦出一头野猪啊……

没想到，就在他跃跃欲试准备战斗的紧张时刻，那声音并没在他头顶停留太久，而是朝左上方移去，而且越来越小，越来越远。

又等了一会儿，声音竟然消失了！

他正在诧异，忽见左手边陡峭的石梯口，陡地出现一个背背篓的人影！古怪的哼哼声，再次从他那儿发出来！

来人慢慢下石梯，步子谨慎，步步小心，越来越近。

张富清终于看清，那是一个包着头帕、穿着青布衣的老人！

"歇脚呐！"

他还没开口，老人已在热情打招呼。

"是啊大爷！"

老人家看上去年岁不小了，身体也单薄……

张富清慌忙迎上去，想帮老人接下背篓歇口气……

直到此刻，他才真正看清，那背篓里，原来装着一只哼哼唧唧的小猪崽！他顿时感觉有点哭笑不得：原来是虚惊一场！

"不歇不歇，背时猪娃儿哼几天哒不吃食，去镇上找兽医看看。"

看到老人家为了找个兽医，竟然需要下坡上坎翻山越岭来来回

第八章　在困难的日子里

回几十里,张富清突然一阵心疼。

"老人家高寿?"

"吃八十的饭了!"

张富清更是心里一沉:"这种事,怎么不叫娃儿们去?"

老人的脸上闪过一丝苦笑:"就一个儿,去年'叮'了。"

张富清听懂了,"叮"的意思是说摔了:"怎么摔了?"

老人上下打量他一眼:"客客这是哪方的口音?"

"我是公社的干部,我叫张富清,是从三胡调过来的。"

"我儿是去年'叮'的。到镇上背化肥,从老崖上'叮'下去,抬到屋头还有半条命⋯⋯"

张富清心里一沉。

"好了吗?"

"那还好得了?两条腿都断成几截⋯⋯最后还是死哒。"

此前调研时,张富清就听说过社员到镇上背东西摔下崖的惨剧,没想到在这里碰上了死者的亲人。

这会儿,他也说不出什么安慰话。老人从他面前走过时,背篓里的小猪还在有气无力地哼哼,哼哼,声音弱了许多,真不知小家伙能不能撑到镇上。

张富清久久地站在那里,看着大爷佝偻的身影一点一点淡出视野,心里好一阵难过。

要想富,先修路。要解决高洞老百姓的根本困难,必须首先解决交通问题。无论遇到什么困难,这路,一定要修!

张富清越往山上爬，修路的决心就越坚定！

二

在公社班子成员会议上，大家曾多次讨论高洞修路的困难。

公社党委副书记田洪立说："大家都晓得高洞是很偏僻的，也可以说是卯洞公社的'西伯利亚'，也是来凤县最边远最偏僻的大山区，人民的生活比较贫穷，既不通电，又不通水，也不通路……"

党委组织委员董香彩说："高洞在悬崖之间，山路崎岖，生产的粮食运不出去，需要的生产资料又运不进来。就拿每年上缴统购粮来说，需要全生产队劳力肩挑背扛一周左右，才能全部运到镇上。"

办公室主任杨胜友说："高洞位于四川、湖南、湖北三省交界处，非常荒凉，老百姓相当苦……"

显然，在卯洞公社所属11个管理片区中，高洞是各方面条件最差的一个，修公路也是最困难的一个，谁去包片驻队呢？

张富清认认真真听取大家发言、议论，听了一会儿，站起来说："高洞我去吧！"

年轻的董香彩首先反对："您是管机关的，年龄又最大，建议您在百福司附近找一个片区……"

杨胜友也赶紧劝道："对，张主任的身体也不大好，高洞要个好身体的！他们的饮食都是烟熏火燎的，特别辣、特别咸，您也不一定受得了！"

第八章 在困难的日子里

田洪立也说:"我认为还是派一个本地同志去高洞比较好!张主任自告奋勇,哪里艰苦他就愿意去哪里,值得我们大家学习!但是,本地同志可能更了解情况一些,更适合一些。比如说话交流,高洞是苗族聚居区,张主任是西北腔——他们不一定听得懂您的普通话啰!"

然而,不论同事们怎样关心、劝阻,张富清还是下定决心去高洞了:"今天回去收拾一下,我明天就去。既然不熟悉情况,我先去摸摸情况,提前侦察一下。年龄、身体都不是问题,我当兵出身,底子不错的。至于说话交流,确实是个问题,我在三胡就遇上了,他们听不懂我的陕西腔,我也听不懂他们的三胡土话,土家语就更听不懂了,当然,当地许多年轻人也听不懂了……"

然而,张富清遇到的不仅仅是这些困难。

进山的第二天,他就与生产队社员们一起劳动,工间休息时,便向全队干部群众宣传修公路的事情。

不知道是不是他表达不清楚,或者是讲话口气不强硬,太和气了,反正,说了半天,大家看上去有些心不在焉,有些懵里懵懂,喝水的喝水,喂奶的喂奶,许多妇女还把随身携带的鞋底子拿出来,见缝插针飞针走线,有的干脆靠着大树打鼾了……几十号人都不怎么搭话。

看上去,村民们对他这个外地干部不感冒,对他津津乐道的修公路打算,也是这只耳朵进、那只耳朵出。

张富清又到另外的生产队宣传高洞修公路的重大意义,号召群众齐心协力一块干……

仍然是拳头打在棉花上，一点回声都没有！

田间地头的座谈会开了好几次，村民们的反应大同小异，总之是既不热情也不冷淡，既不高兴也不生气，既不支持也不反对……

有一次，一个心直口快的婶子看到张富清实在尴尬，便走到他面前说："领导啊，你说这一大堆有什么用？你那个'南腔北调'我们听不懂！"

不懂还是装不懂啊？

今天的人可能不理解，公社修路为什么还要得到社员的支持。

那是因为，当时修公路都采取集体劳动，上级一声令下，广大社员群众家家户户出动，自带干粮义务出工。

再说，修路一般会选在冬天农闲时节，这个时节哪个老百姓不愿偎在火塘边烤火喝罐罐茶啊！

高洞天冷，冬季农闲时节常常云遮雾罩、大雪纷飞，而且风大、风狂，当地人形容——刮大风时，恨不得把你身上的皮子都要吹落几层！

至于平日出工影响生产，还有公路所经之地需要占用社员的自留地或者祖宗的坟地，那就更麻烦了……

有的人一边盼望着修路，一边遇到自己利益受损时又不能理解，要真是拿把沙刀站在那儿，你还真不敢动！

还有一个直接因素：由于一些生产队粮食生产没搞好，许多农民饥一顿饱一顿，对他们来说，填饱肚子才是大事，修不修公路并

第八章 在困难的日子里

不重要……

可是，张富清没有气馁，没有退却，他仍然有决心、有耐心，他始终坚信：修公路，是解决高洞贫困现实的可行之道，也是唯一出路……

于是，他安安心心住下来，一边参加集体生产，一边筹划修路事宜……

白天，他和大家一道出工；晚上，回到住户家，就帮他们做家务。

张富清在自己家很少做家务，一切指望着妻子操持；到了农家，反倒成为一把家务好手！他手巧，猪草剁得又细又快，刮洋芋皮也是刮得又薄又干净。有一次，他还帮着住户的孩子缝补衣裳破洞，一针一线像模像样。此事还成为当地"奇闻"，被老百姓传来传去。

他住在当地最贫困的社员家里。屋子狭小不够住，他就在放柴的地方铺点干草，打个地铺，睡自己带来的铺盖。

吃饭，主人吃什么，他也吃什么，然后按时结账，只给多不给少。

高洞天高地远，老百姓与外界接触很少，有些老人一辈子没进过县城不说，甚至连百福司街上都没去过。

但这个张同志却是见多识广的。他跟大伙儿仔细介绍什么是城市，什么是电灯，什么是汽车——汽车不是牲口，并不吃草，而是跑在一条宽宽的公路上……

为了尽量修正自己的"南腔北调"，张富清又开始学高洞的土话……

渐渐地，当地干部社员慢慢接纳他了，跟他的关系越来越好。

不过，你最好别再提修路的事⋯⋯

在高洞生活了一段时间，有一天张富清忽然心中一动，灵感大发：高洞村眼前急需解决的，还不仅仅是修一条公路的问题，而是老百姓迫在眉睫的吃水问题！

三

常言道，山有多高，水有多高。

这句话在高洞就行不通。

高洞人说："听得见水响没水吃！"

高洞缺水，严重缺水。这里降水丰富，水都到哪里去了呢？老百姓说，水都流到地下河去了。

张富清过去在三胡区工作，到处可见青山映绿水，农户家随便接个竹子筒，山泉水哗哗啦啦流个不停⋯⋯

上了高洞，又是另外一番景象了。

住户家的石缸里，羞羞答答藏着大半缸水，那还是家里的壮劳力，天没亮就起床下山背回来的。

来回十多里陡峭山路，一个上午能背两三回就不得了了。

据说这里有个外来新媳妇头一次学背水，一步一步背着上山，到了家里只剩半桶水了。媳妇一急，背着水桶就跳了悬崖。

在高洞，背水用的特制木桶家家都有。这种水具在来凤县其他地方很少看到。

第八章　在困难的日子里

自然而然,在高洞用水也就不同于山下,不同于其他地方。打个比方,如果屋里来了客人要洗脚,打一盆水来,客人第一个洗,然后是家里的老人,接着是孩子,最后才是两个当家的户主;水,到最最后也不能倒掉,还要留下来喂牲口呢。

可见,在高洞真是滴水贵如油!

正是天旱时节,这天张富清一大早就在管理区和几个干部研究解决老百姓吃水用水的困难。

他在三胡有找水经验,便说,还是要找溶洞、找暗河。

一位老者突然在一旁说了句:"这山上除了天坑,哪儿还找得到水?"

天坑?

名字怪吓人的。

老者说,天坑其实是朝天的溶洞,洞口不大,但是里面空间巨大,平均宽度与深度均大于100米,底部一般都与地下河相连……

张富清一听就来了劲头儿,仔细寻问之后,当即就与几位干部去实地查看。

老者带路,张富清一行很快来到天坑边。

这时已是黄昏时分,天坑洞口黑乎乎一片,唯有靠近边缘的地方,有参差不齐的绿树影影绰绰。

张富清丢下一块石头,不一会儿就听见了声响,他兴奋得呵呵笑了起来:"看来也不是很深嘛!"

旁边的人却没有他那么激动。

是不深，而且雨后还听得见水声，可不正是"听得见水响没水吃"嘛！

但那又怎么样呢？就算一天坑全是水，又怎么弄上来？

还有，传说这天坑底下蟒蛇成群，人还没落地，脚板就会被啃断……

在高洞，人们谈起这个天坑，无不战战兢兢呢！

这天晚上，张富清翻来覆去睡不着，脑子里想的全是水。第二天天刚亮，他一个人又来到天坑边，站在一块巨石上仔细观察，只见坑壁上隐隐约约一片暗绿，坑内薄雾蒙蒙，依然是一眼看不见底，深不可测！

张富清围着天坑走了几圈，隐隐约约，他还真的听到水声了。

是的，是水的响声！

他再次激动了，决定到百福司供销社买绳子。

第二天清早，张富清匆匆下山。回到镇上，他并没打算回家，却被妻子无意中看到了。

孙玉兰正在铺子里做缝纫活。按件计酬，一个月能挣十几元。

张富清对她说："高洞天旱，群众吃水困难，我们找到一个天坑，那里有水！高洞人喜欢说'听得见水响没水吃'，这回我们听见水响了，要听到水响有水吃！"

孙玉兰希望他回家看看孩子，休息休息再上高洞，但张富清说今天不行，过几天就回来。

两个人就站在街头讲了几句话。分手时，孙玉兰看看张富清说：

第八章　在困难的日子里

"你也是五十出头的人了,别太拼了。"

张富清满口答应注意身体、注意休息。

但他并没告诉妻子,他买绳子做什么。要是被她知道了,她肯定不准许的。

张富清徒步登山,花了几个小时返回高洞住户家里时,天已经黑了。

管理区干部得知张主任想下天坑找水,先是以为听错了,后来得到肯定,连连劝阻:"下不得!下不得!""太危险了!"

见他不听,他们又跑去把头天提到天坑的那个老者喊来,一道劝说。

可是,无论大家怎么劝,张富清只是面带笑容,用他那依然浓浓的"南腔北调",对他们说:

"我当过兵,莫担心!"

谁也没想到,这个看上去瘦削小个儿的领导,一旦脾气倔起来,真是八头牛都拉不回来!

四

直到第二天中午,张富清已经把自己都捆好了,还有人出来阻止。

当然没有用。

只见他一步一步爬到天坑边,一屁股坐在坑沿,看了一眼身后几个拉着绳子的人,冲他们笑笑说:

"放吧！没事儿！"

"您可小心啊，喊一声我们就把您拉上来！"拉着绳子的人说。

张富清说："好！"

陡地一下，张富清整个人就悬空了，他感觉自己的身体正朝着坑边一丛丛绿团滑去，朝着一个黑咕隆咚深不可测的洞穴坠下！

忽地一阵阴风袭来，他顿时感觉晕晕乎乎，眼前一片幽暗，什么都看不见了。他抓紧绳子，下意识地闭上眼睛。

其实，到底下不下天坑他也犹豫过，他也知道天坑里充满了多种危险因素：传说中的蟒蛇只是一种，还有其他毒物、毒虫，也说不准有有毒气体。那些大大小小高高低低的石缝里藏了什么，谁知道？

还有潭深水急，会不会被冲走？

当然，最可怕的是绳子不结实，若被石头磨断，怎么办？

"张主任——！张主任——！"

头顶上的喊声，一下子把张富清叫醒了。

他应了一声，再睁开眼，反倒看得清脚下的一切了。

我的天！

他突然呵呵呵地笑了几声。

这是他万万不曾预想到的：第一眼就看见了一汪碧绿的水，很清很清，很静很静，没有一点涟漪，就像一面清亮亮的镜子。

水边的植物大都是他没见过的。虽然长年没有阳光照射，但这些湿漉漉的植物依然露出一团团生机勃勃的嫩绿……

第八章　在困难的日子里

不得不说，这是一个漂亮的天坑！

突然，他打了一个冷战，感到脚下一阵冰冰透凉！地下水潭的宁静被什么东西打破了！

原来是他自己！他只顾着张望，忘记了给上面的人发信号，绳子还在继续往下放呢！

一个多小时后，张富清被拉上地面，全身上下都是湿漉漉的，沾满了青苔污泥，衣服也挂破了好几处……

但他一脸欢喜。

"有水！真的有水！"

接下来，张富清和管理区干部们一面组织劳力下天坑取水，一面带领广大社员开山烧荒，修造梯田。

五

转眼间冬天来了，修公路的事又被提上了管理区的议事日程。

首先是跑立项。

这可不是一个简单的事，张富清亲自出马。

于是，他一会儿回公社，一会儿跑县里，一会儿又回高洞，马不停蹄，急如星火。

不说别的，一路上光是过河就要花很多时间。

从镇上到高洞，要经过好几条溪河，没有桥，张富清和山里老百姓一样，都是脱掉鞋子挽起裤腿过河。夏天河水水流湍急，冬天冰冷刺骨。

有一次过河是在夏天。那天他刚走到河中央，忽地听到前方一阵声响，抬眼一瞧，只见一道水波如门板一样直冲而来，顿时把他打翻……

这是山洪！若不是几个放牛娃把他拉起来，还不知要冲出去多远。

山高水长，山里小气候复杂，加上沟壑纵横，地下溶洞交错，导致河水变化无常，涨落不定。那种来得快去得也快的洪水，当地人叫"门板水"，外地人不熟悉情况，则很容易出事。

如此跑了几个来回，申请总算批下来了。

但借钱筹款又费了好多周折。

张富清陪同县里的工程师，扛着仪器勘测线路，铺开图纸规划设计，但一道难题又摆在面前了：无论怎么设计线路，都免不了要经过悬崖峭壁，公路才能盘旋下山。

张富清陪着工程师反复测算，最后的结论是，至少有三公里以上的路程要在悬崖上生生开凿，寸寸掘进——也就是说，这段路要用炸药把它炸出来。用钱多不说，关键是当时爆破人手不够，上外地请师傅，又费时间又费钱。

"我来吧！"

张富清话音刚落，众人惊异的目光一下子都投到这位公社领导身上。

是的，张副主任下天坑的举动，已经让干部社员刮目相看了，

第八章 在困难的日子里

但这炸药不是鞭炮,岂是随便哪个人都可以碰的?!

"您懂这个?"

专业的工程师也感到不可思议。

"我当过兵的,接触过炸药嘛!"

对于炸过碉堡的张富清来说,炸药雷管之类还真是不陌生!

他说干就干,真的行动起来。不但亲自打眼装药、点火放炮,还管理炸药,甚至带着几个农民自制炸药。

一个在农民心目中肩不能挑、背不能扛的机关干部,竟然是一个技术熟练的炸炮师傅!

到了冬季农闲季节,正是修路的好时机。早上5点,张富清就爬起来,一边帮住户忙活,一边跟他们交心谈心。吃过早饭,他就举个喇叭,站在村口高喊:

"8点以前集合完毕,修路出力也记工分啊!"

不过有些人并不积极。天气湿冷,风大,谁愿意七早八早上山干活儿啊?没办法,张富清一家一家做工作,耐心去动员。

没有专业工具,就用农具开山挖土,靠肩挑背驮运石头,修路基。碰到大石头,实在凿不动了,才舍得用一点贷款买来的炸药,节省着一点点炸。

修路的劳动强度高,但大家吃得却很少。当时工地上流传着这么一个修路顺口溜:

"早上浑个个,中午剁一剁,晚上现场和……"

什么意思?这是高洞方言,就是说,一天三顿都在吃土豆!

在一个叫鸡爪山的地方，有几个炮眼儿要打在亮壁上。

亮壁是本地话，说的是光秃秃的石壁。

石壁旁边就是万丈深渊，人无立锥之地，打炮眼时，只能腰上捆了绳子，吊在半空中施工。

因此，这种硬生生炸出来的、盘旋在悬壁上的公路，后来被人们形象地称为"挂壁公路"。

张富清来到鸡爪山，他腰间系着绳子，整个人像蜘蛛一样趴在岩壁上。

他握钢钎，抡大锤，打炮眼，填炸药，装引线，每个炮眼儿前都留下了他的身影……

有的社员说：这个上面派来的干部，是真心为我们高洞办事啊！不光是技术高，胆子也大得很。

其实，张富清多年养成的习惯和工作作风就是：凡是遇上特别危险、特别艰难的事情，他一定是首先冲到最前面的。

既是指挥员，又是战斗员！

那一段时间，每到上午 11 点、下午 5 点时，高洞 18 平方公里的高山峻岭间，总有一阵阵隆隆炮声震得天摇地动，惊得鸟雀四散。

山寨的娃娃们也新奇得不得了，常常问大人："是不是公路通哒，坐个车儿一水儿就到镇上了？"

断断续续干了两年，高洞第一条出山公路终于修通了。

当看到装满各种物资、粮食的拖拉机，行驶在颠簸的公路上，看见干部社员个个喜笑颜开时，张富清的脸上露出了欣慰的笑容。

第八章　在困难的日子里

"修了两年，只修出来一条路，可以过木头车、拖拉机，其他的车还是不行。但是，乡亲们可以用拖拉机把农产品拖出来，再也不用肩挑背扛了。"在背起背包，告别高洞干部社员的时候，张富清平平淡淡地说。

六

在张健全的卯洞记忆中，印象最深的，是他们全家一起吃饭的时候。

因为父亲常年在高洞驻队，难得回家一次，只要一回来，就是全家的盛大节日！

全家六口人，亲亲热热围着一张旧桌子，饭桌上总是"老三样"：青菜、馒头、油茶汤。

不见肉腥，但兄弟姐妹们吃得叭叭作响，津津有味。父亲母亲总是吃得最少，总是把自己碗里的给这个孩子拨点、给那个孩子拨点……

那个年代，虽然家里经济拮据，常常捉襟见肘，伙食甚至比一些社员家还差，但一家人互相关心着，都和气，都不哭，一起把那些困难的日子过下去，过得充满温情！

张健全说，有一段时间，他和二姐都很想爸爸，于是姐弟俩就瞒着母亲，跋山涉水去高洞找父亲。

当时张健全15岁，二姐16岁。两个人也只知道高洞的大体位置，一边走一边问,翻山越岭走三四个小时,总算到了父亲驻点的大队。

当时天已经黑了,姐弟俩走进一家社员屋里打听,社员见两个娃子走得浑身是汗,又累又饿,就问他们找谁,他们回答说找张富清,于是就给了他俩一碗炕洋芋。

洋芋吃完后,这个社员又点上火把,一直把姐弟俩送到张富清所住的农户家里。

张富清看见两个孩子来了,很高兴,他以为是妻子派来的——妻子几次派大儿子张建国给他送鲊广椒和换洗衣服——于是把他们安顿在地铺上休息,叮嘱他俩天亮后自己回家。

第二天一早,张健全和二姐醒来后,只见地铺边上放着一碗红薯和几个茶泡儿。农户家的老人跟他们说:"你们爸爸叫你们吃了快回家,他到工地上忙去了。"

姐弟俩把那碗红薯吃了,但没舍得吃茶泡儿。那是野生油茶树上结的一种野果子,山里孩子的美味佳肴!

在张健全的记忆中,父亲曾经带他们到山上采过一次茶泡儿,它并不多见,不是每棵树上都结。

父亲告诉他们:数量不多是有原因的,茶泡儿其实是一种变异之后的茶果。在一定的特殊条件下,茶树的嫩果会变异成一种"瘤子",这种"瘤子"会慢慢长大,内部中空。过一段时间嫩果就变成了茶泡儿,果肉非常厚,吃起来很爽口。

一路上,姐弟俩都没舍得吃父亲留给他们的那几个茶泡儿。

回到家中,母亲问起情况,张健全这才老实交代:去高洞了。

第八章　在困难的日子里

母亲没有批评他们,因为她自己也猜到了。

她说,爸爸那里艰苦、困难,你们再不要去给他添麻烦了。

母亲还让姐弟俩记住那个给他们洋芋吃的老百姓,在那个困难的日子里,那碗炕洋芋,就是他们的口粮,对于他们很重要!为什么舍得给你们吃?因为你们是张富清的儿女!

很久以后,父亲在讲起别的事情时,顺便提到了那几个茶泡儿。

他说,他在高洞的农家屋子里忽然见到自己的两个孩子,心里好不高兴啊!可是手边又没什么好吃的,第二天天没亮他就起床了,到山林中转来转去,好不容易才找到几个茶泡儿……

张健全说,在困难的日子里,几个茶泡儿、几个炕洋芋,那都是人间最珍贵的东西!

第九章

回到县城

> 满脑壳满脑壳装的都是工作上的事，不知不觉几十年一晃，工作时间就结束了……
>
> ——张富清

来凤县城翔凤镇

第九章　回到县城

一

才5点多,天还没亮,邻居家的公鸡喔喔喔叫了头遍,孙玉兰就把四个孩子叫了起来。

孩子们各自收拾自己的课本作业本,拆掉床铺,打铺盖卷儿;她则收拾锅碗瓢盆,把不多的衣服鞋袜装进纸箱子,忙得热火朝天。

"天气热,我们要趁早赶凉快出发!"

张富清站在屋子中央,这里看看,那里瞧瞧,除了给家人督阵加油,鼓舞士气,他不知道自己该干什么。

他是丈夫,是家长,是这个家庭的顶梁柱,可他在家却是个"甩手派""张嘴派",不折不扣的"局外人"!诸如家里的油盐酱醋啦、孩子们的喜怒哀乐啦、妻子的勤扒苦做啦……实际上他都没怎么管,都很陌生。

他和孙玉兰1955年来到来凤,整整24年了,他就做了一件事——工作,工作,再工作。每次回家都是匆匆忙忙"打个栈"(停留片刻),就跟住旅店差不多。

夸张一点讲,他甚至不大清楚,四个孩子究竟是怎样吃饭穿衣、读书上学,是怎样一天天长高长壮、长大成人的。

卯洞,又是五年!组织上考虑他年纪大,特意安排他分管机关和财贸，本可以就近照顾家庭，本可以不下乡的……

但是他哪里做得到！不过 50 岁出头，他哪里在机关坐得住！

是的，就像他常常说的：我们光当指挥员不行，还要当好战斗员。他自愿报名去高洞，下天坑找水，腰上拴着绳子；在悬崖峭壁上打炮眼儿，腰上拴着绳子……

可是，这些绳子，都不是孙玉兰这时候手上拿的，正在捆扎衣物被褥的绳子……

突然，屋外传来喊声。

张富清开门一看，十几个都是熟面孔，一问，都是从高洞管理区坐拖拉机来的！

"听说张主任要调走了，我们来送送。"

第一个跑上前的，就是那位曾在小队会上为张富清解围、故意说听不懂张领导"南腔北调"的热心大婶！

张富清关心的却是行车安全："那还是一条毛坯路，你们开拖拉机可千万小心！"

大婶拿出一个布袋子，二话不说硬塞到孙玉兰手里："几个苞谷粑粑，带到路上吃。"

孙玉兰推辞不过，只好收下了。

哪知大婶一开头，其他高洞社员也纷纷拿出自己的山货土产——几个鸡蛋、几把干笋、两把干豆皮……还有自己做的小竹椅，大家一拥而上，直往孙玉兰和孩子们手里塞……

张富清惊呆了！

第九章　回到县城

"不行，不行……"张富清伸出双臂拦阻，"大家的心意我领了，但东西不能收，真的不能收！"

带头的大婶笑嘻嘻地说："不收也行，我们今天都不走了，跟着张主任进城！"

就在张富清左右为难之际，公社组织委员董香彩赶来了。

"小董，这可怎么办？"

董香彩直直巴巴地说："怎么办？公社党委已经同意，您收下，这是群众的心意，尊重群众，相信群众，民心不可违！"

张富清仍然很是为难。

董香彩说："前几天，高洞几个大队都报告公社，许多群众听说您要调走，舍不得，就约好一些人要来送行。办公室接到电话，立即报告公社党委。党委认为，大家的心情可以理解，但不要来人太多，最后决定，每个大队只派一名干部代表和一名群众代表即可……"

张富清一一打量来人，发现正如小董所说，都是不同大队的代表！

"好吧！我听组织的，你们的心意我收下……"张富清热泪盈眶，"但是我确实太惭愧了，做的工作不多，也没做好。像那条公路，本来可以修得好一点……"

送粑粑的大婶说："已经够好了！我们可以坐着拖拉机出来了！"

她忽然又想起什么来，对孙玉兰说："你把粑粑拿出来，把袋子还给我。里面有我的手电筒！"

大家都笑起来。

张富清感到高兴："你都用上手电筒了？好好好！"

有人开玩笑说："舍得粑粑，舍不得袋子呀！"

大婶立刻反驳："来凤城什么都有，还差一个袋子呀！"

又有人逗她："把电筒送张主任算了！"

大婶真是能说会道："张主任哪像我们，上个茅厕要电筒，喂个猪要电筒，娃儿生病半夜找医生，还是离不开电筒！张主任全家都调到县城了，县城有电灯，夜里像白日一样，明晃晃的，要个什么电筒！"

乡亲们会聚在张富清家居住了五年的老庙里，欢声笑语，谈天说地，逗留了几个钟头，还是迟迟不愿离去，眼看都快吃中饭了，董香彩只得大喊一声：

"车来了！"

果然是搬家的车来了，停在门前院坝里。

董香彩继续高喊："时间已经不早了，大伙一起送张主任全家上车！"

顿时，大家像是商量好了的，不约而同进屋搬东西。搬桌子的搬桌子，提椅子的提椅子，扛箱子的扛箱子，拿热水瓶的拿热水瓶……没几下子，屋里的东西就全部搬上了货车。

张富清和孙玉兰带着生病的大女儿挤在驾驶室，其他三个孩子挤在车斗中。

第九章　回到县城

董香彩目送汽车离去，久久不愿离开。

整整40年后，他依然清晰记得当时的情景，记得张富清给老同事们留下的那个清贫的背影！

"我送他上车，他呢，六口人，工作几十年，除了棉被和纸箱装的衣服以外，没有任何其他的财产。他是一个真正的共产党员，保持共产党员的本色，想的是国家，想的是党，想的是别人，不想自己！"

二

1979年7月，张富清告别卯洞公社，调往来凤县城。

他最初在外贸局工作两年，担任副局长。

进城之后，他们全家六口人，住在县外贸局宿舍一大一小两间平房里。

起初，孩子们以为进城了，就可以住上好房子了。

17岁的张健全甚至梦想有一间单独的书房！

那时候张健全正在备战高考，需要有个相对独立的空间，用于自学和复习。既然赶上了国家恢复高考的大好时机，无论怎样也要冲一冲！

一进城里的家，张健全便知道，书房是彻底没戏了！

两间房，爸爸妈妈带两个女儿住大间，张建国、张健全兄弟俩住小间，再没有任何商量的余地！

不过，比卯洞、比三胡，还是好多了！毕竟是单位宿舍房，一开门像个家的样子，更何况地处县城闹市，进进出出都走在人流匆匆、喇叭声声的街道上。买菜有菜场，买东西有商场，想买本世界名著畅销书，走几步就到新华书店了……再怎么不满意、不知足，也应该满意、应该知足了！

至于复习备考，家里窄、吵人，他可以去图书馆啊！可以到老同学家借地攻读啊！也可以独自跑到酉水边，找一棵大树，在树荫里半坐半躺，一边背题，一边眺望对岸——湖南龙山县的水光山色……

不同于大哥张建国——高中毕业当知青、1977年考取县师范，张健全1978年高中毕业，在卯洞参加了高考，可是出师不利，落榜了。

落榜后他先是急于找个工作，也好为父母分担一点经济负担，但父母反对，要求他到县城中学复读，希望他好好准备，迎接第二次高考。

然而，由于"城乡差别"，一些课程他在卯洞根本就没上过，特别是一口"卯洞英语"，要跟上同班同学更感到吃力……

他有点自怨自艾，有些萎靡不振……

这时，张富清正在武汉参加一个短期业务培训班，可能是大儿子在和父亲通信时提到了弟弟目前的状态，于是，他写了一封措辞严厉的信寄给张健全，明确要求儿子立即沉下心来，扎扎实实复读备考……

可以想象，一个本来天天在身边朝夕相处的人，忽然大老远地

第九章　回到县城

给你写一封信,而且是批评信。那信中仿佛每一个字都在瞪着你,仿佛每一句话都是一条挥舞的鞭子!

那是父亲对儿子的一声断喝!

收到父亲的信后,张健全大受刺激,大受震动,就像一个迷迷糊糊做梦的人,忽然被一声响雷惊醒,被一道闪电照亮!

他变了,全变了。

虽然底子薄,复习又并不真正到位,但他还是满怀信心,向班上的尖子生看齐,像家里大哥一样勤奋好学,整天拿着书看个没完。几个月之后,张健全再进考场,以良好成绩考取师范学院,成为张家第一个大学生。

与哥哥和弟弟奋力拼搏高考不一样,张家小女儿张建荣早早就选定了自己的职业方向:读卫校,当一名护士。

当护士?

对!

其实,张建荣最初的事业动机非常简单:姐姐张建珍10岁时患脑膜炎留下后遗症,生活自理能力差,全凭妈妈精心照顾。

张建荣每天看到妈妈辛辛苦苦任劳任怨的样子,从很小的时候起,她就在心里立下志向:长大后,一定要帮妈妈照顾姐姐!

小时候,张建荣并不知道妈妈原来是有工作的,是后来主动辞去了工作,回家当了家庭妇女。

从记事时起,张建荣眼里的妈妈总是在干活、干活——除了有时生病躺在床上,或是被送进医院。

到卯洞那一年,张建荣也懂事了。只要一放学回来,就帮妈妈干活,做得最多的是盘扣子。妈妈说,做衣服最费时间的就是盘扣子,于是带回家让孩子们帮帮忙,每个月就可以多做几件衣服,多赚几角钱。

除了盘扣子,放学后也有其他的活儿可以去做。

比如说,到砖窑去捡煤渣。每到炉子除渣的时候,还散发着热气的煤渣一倒出来,孩子们便一拥而上,急急忙忙地挑选那些没有烧透的煤核,直往背篓里丢。别看人小,但小手小脚都非常麻利。

那种煤核,大的有拳头大,小的也有鸡蛋大,在家里的煤炉子里特别好烧,火力旺,又没有呛人的烟。

每次,张建荣和哥哥弟弟背着大半背篓煤核回到家中,妈妈总是一边倒一边说:"多好的煤芯儿啊!"

别人都叫煤渣,妈妈叫煤芯儿,整个卯洞只有妈妈一个人这样称呼它。

在卯洞,妈妈还教张建荣补衣服。她从小就心灵手巧,学起手艺来非常快。

有一天,张建荣给父亲补裤子,补着补着,不由得有些心疼。

因为她发现,父亲的几条裤子,平均每条都要打上三次以上补丁!

难怪有一天,在街上碰到一位叔叔跟他们几个孩子开玩笑:"你们爸爸是公社领导啊,让他别再穿补疤裤了!"

说者无心,听者有意,张建荣把那句话牢记在心,下定决心要

第九章 回到县城

给爸爸买一条新裤子!

张建荣和哥哥、弟弟一起"密谋":1978年的暑假,张建国和张健全到酉水河边锤碎石,张建荣则去食品加工厂晒辣椒。

一个月下来,三个孩子一共挣了9块钱!

他们拿着劳动成果,一起到供销社挑挑选选,最后为父亲选了一块军黄色的的确良布,由母亲亲自动手,给父亲做了一条新裤子。

也就是从那条裤子起,在一家人的再三要求下,张富清才穿上不带补丁的裤子。

从卯洞到县城,从县外贸局再到建行来凤支行,无论当副局长,还是副行长,张富清一直都穿着儿女们在卯洞打工挣来的"新裤子"上班。

穿得黄里透白、半新半旧了,他还是叫它"新裤子"。

三

临出门时,张富清又让孙玉兰给他收拾了几件换洗衣物,还有那条"新裤子",并打好背包。

"出门多久啊?"

"说不准。账要到了就回来!"

"你一个行长,真要亲自上门讨债啊?"

"不讨怎么行,不讨人家不还啊!"

"人家恐怕不是不想还,是真的没钱还吧?"

"也许确有困难……谢谢！你比我还要理解贷款企业！"

"哦？一个人在外，莫饿到、莫冷到！"

"放心吧，饿不着冷不到的。那是一家国营煤矿。"

张富清几句话，把孙玉兰说笑了。

"好，你去吧，该悠着点还是悠着点！家里的事你放心！"

张富清却有些不放心妻子："家里全都指望你了，你身体不好，也要注意休息！"

1981年，张富清从外贸局副局长转调建设银行来凤县支行，担任副行长，实际上牵头。

刚成立的建行，只有五个人，连独立的办公场所都没有。只是在翔凤镇向其他单位借了一间土瓦房，五名员工都挤在这间房子里办公。

资金更是困难。

所有的业务就是发放贷款一项，可是无钱可贷。

在这样简陋的环境中，张富清反复申请，东奔西跑，终于向财政局筹措到"拨改贷"的政策资金，逐步开展低息贷款业务。

别看人少，但每个人都有明确分工，每个同志都勤奋工作，爱岗尽责，支行各项工作不断取得新的进步。

只要大家碰头，张富清总是强调加强团结、互相帮助、携手共进。

他说："不能为了小事影响大事，建行工作搞不上去，不是哪一个人的责任，大家都有责任！"

他为人谦逊，总说自己不懂银行业务，需要提高思想认识，加

第九章　回到县城

强业务学习。

为了保证国家财政拨款资金专款专用,建设项目早日建成完工,他经常带头深入一线,钉在贷款单位,几乎所有的贷款单位他都熟悉。

那时候,很多干部已经时兴穿皮鞋、骑自行车了。

可他没有皮鞋,长年就穿一双解放鞋,而且很旧很旧了,他说是从卯洞穿来的。

他也不骑自行车,更没动用公款买一辆自行车作为"行长专车"。

每天上班下班,出门开会、外出办事,他都是步行,拎着个黑色塑料提包就出了门。

…………

当天天黑前,张富清已经凭着双脚,走到了离县城30里外的田坝煤矿。

这家国有小型煤矿,是当时建行最大的"拨改贷"贷款户。

所谓"拨改贷",简单说,就是国家将基本建设投资,由原来的财政无偿拨款,改为通过建设银行以贷款方式提供。

在"拨改贷"全面推行后,国家对行政事业部门等非营业性的无偿还能力的建设项目仍实行无偿投资,"拨改贷"投资则需到期偿还。

当时,收回"拨改贷"资金是建设银行工作的一个难点。部分企业生产资金不足,导致资金收回十分困难,欠账呆账时有发生。

田坝煤矿就是建行来凤支行当时的欠账大户。

张富清来到田坝煤矿，矿长一眼看到他身后的背包，哭也不是，笑也不是，热情不是，不热情也不是。

张富清说："我来了解了解项目进展和你们的生产经营情况……"

矿长说："张行长啊，欢迎欢迎！不过现在很忙，正是销煤的旺季，大家都在全力以赴投入生产，抽不出人陪您检查工作……"

"不用你们陪，更不必您矿长亲自陪，我自己转转看看就行！"

当然，矿长不想冷落这个"债主"，也绝对不愿得罪建行，便详细解释说，越是生产旺季，所需周转资金越是多，还贷的压力越是大，希望张行长能够体察民情，大人大量，继续支持他们的工作……

张富清笑着说："你矿长压力大，我也压力重大呀！因为你们的'拨改贷'是我拍板的，我有责任。我这次来，就是督促煤矿节约资金、按时还款……"

他认认真真地告诉矿长：上级催得急，单位逼得紧，他这个行长已经无颜见江东父老，只好来找矿长借个住处，让他在煤矿"躲几天"……

面对张富清一脸的坚持，矿长真是既头疼又无奈，只得在工人宿舍给他找了半间小屋。

"条件不好啊。"

"很好！很好！"

张富清很高兴，找来一个单人架子床，铺盖卷一打开就住下了。

第九章　回到县城

他与工人们同吃同住不说，还要求下井去看看。

矿长劝他，他不听，只得叫人陪着他一起下井。

井下阴暗潮湿自不多说，关键是充满了各种危险。那个时候安全设备及技术都不完善，透水、塌陷、瓦斯爆炸，各种危险时时存在。

"你不怕？"

一个矿工问他。

他笑着说："你们工人怕不怕？你们不怕我也不怕！"

"我们是埋哒没死的！"

张富清笑道："挖煤的是埋哒没死，驾船的是死哒没埋！"

这些民间谚语他知道。

他诚挚地表达敬意："就算埋哒，你们可千万别死！要是死哒，工厂学校机关单位百姓人家都没有煤烧了。"

张富清在煤矿住了一个星期。

到了年底，建行放给田坝煤矿的"拨改贷"贷款全都收回。

当年建行放出的贷款，没发生一笔呆账。

张富清在建行来凤支行工作的几年时间，同事们都说，他付出得多，索取得少。

张富清1981年底到建行，到他1985年离休的时候，来凤支行已经初具规模，不但有力支援了来凤县生产建设，自身经营也很快实现良性循环，盖起了办公楼、职工宿舍，职工从当初的5人增加到40多人。

张富清当年的同事、现年67岁的向守平说："张老是来凤支行的创始人之一。"

对那一段和张富清共事的岁月，向守平不禁感慨万端，30多年后仍记忆犹新，念念不忘……

他记得，有一年，县支行有一个工资级别上调的名额，张富清和另一位副行长都符合条件，但他悄悄将机会让出来了。

"张行长帮行里争取到了资金，使行里能开展贷款业务，支行的经营得到改善，收入增长，但他最先想到的是改善员工们的待遇，从来没有为自己谋一点私利！"

向守平说，张富清行长还想办法解决了职工办公室和宿舍问题。

"既要搞好工作，也要关心职工疾苦。"他记得张富清常常在办公室里讲这句话。

但张行长从未向同事们讲述自己过去的功劳，也没有一个同事知道他的战斗经历……

在现在的建行来凤支行，许多人知道这位离休的副行长，但都没听说过他当战斗英雄的历史……

四

1985年春，县委组织部按惯例找张富清进行离休谈话，感谢他勤勤恳恳为党工作几十年，希望他继续保持共产党员的优良作风，祝愿他离休生活丰富多彩，身体安康，家庭幸福。

从组织部出来后，张富清去了自己在建行的办公室，一个人关

第九章 回到县城

上门,在里面呆坐了好久……

还记得他是1955年到来凤的,然后就到城关粮管所、三胡区、卯洞公社、外贸局、建行转了一圈……

这一转,整整30年!

镇粮管所,2年!

管好粮食,是新中国成立之初尤为重要的一项工作。他一头扎进去,处处身先士卒,加班加点。对了,他想起来,为了彻底解决大米供需矛盾,他还想方设法买来设备,办起大米加工厂……

三胡,15年!

三胡是个好地方,也是个苦窝子……在三年严重困难时期,三胡区是全县灾情最重的。为了帮助当地群众尽快恢复生产,他常年都在下乡、驻队,雨天一身泥,晴天一身汗。住在最困难的农户家,碰到洋芋吃洋芋,遇到红苕吃红苕。每天按标准付给粮票和饭钱,不欠群众一分钱。

后来,就更苦了——那些岁月成为他人生最艰难的时光。他让妻子把工作辞了,她不得不加倍地辛苦操劳:到招待所打杂,给别人当保姆,和孩子一起上山砍柴……

卯洞,5年!

卯洞工作很苦,生活艰难,但他没找组织借过一分钱!

在卯洞公社工作的那个阶段,正值国家经济困难时期,干部工资待遇低,当时不少干部会向集体借钱。对困难干部,组织上也会给几十元补贴,但张富清从没向集体借过一分钱,也从没享受过组织上对困难干部的补贴。

　　1985 年,来凤县在卯洞公社基础上新成立了百福司镇政府。在盘查清点干部借支情况时,长长的借款名单中没有发现张富清的名字。从干部到百姓,谁都有向单位借款的欠条,可张富清没有一张欠条!

　　在申请困难补助的名单里,也没见到张富清的名字……

　　时任镇长向致春感到诧异,觉得不可思议,因为他太熟悉张家的困难情况了,张富清为什么不向组织申请困难补助呢?

　　向致春曾经是张富清两个孩子的老师,经常去张富清家家访,对他们的家境一清二楚……

　　不但孩子们穿得比镇上其他孩子差,简直不成样子;在他家吃饭,发现他们吃得也很差,很少见到荤腥……

　　向致春给张富清打了一个电话,一是表达崇敬之意,二是想弄清老领导一家人是怎样度过艰难熬到今天的。

　　张富清当时笑呵呵回答:"家有贤妻夫祸少啊!"

　　就这么一句,向致春不吭声了……

　　建行,又是 5 年!

　　他问自己:"我做了些什么?一个党员,完成组织交给的任务了吗?"

　　推行"拨改贷"?到煤矿与工人同吃同住?克服困难建成办公楼和宿舍楼?

　　似乎做了一点事,可似乎什么也没做,没做好!

　　不够好!

第九章　回到县城

离党的要求和人民的希望，相差甚远。

…………

张富清回到家，老伴做的饭菜已经好了，炒青菜、油茶汤、新面馒头，还有黄亮诱人的凤头姜，还比平日多了一份荤菜——青椒炒腊肉！

孙玉兰看见丈夫脸上有些黯然，表情有些失落，就故意说：

"这些年把你累着了，也该好好歇歇了。"

"唉，还没工作够哪！"张富清一笑，"天天想的做的都是工作上的事情，又有什么新业务要开展啊，又碰到什么困难要解决啊，还有今天在这儿开会，明天到那儿出差，满脑壳满脑壳装的都是工作上的事，不知不觉几十年一晃，工作时间就结束了……这心里头空啊！"

"那是！工作一辈子，一下子闲不住……"

孙玉兰心疼地给丈夫盛了一碗汤。

张富清看看老伴，对相依为命30年的老伴，他有一肚子话要说，要好好对她说，但都没有说出口。

想起当年那个扎着两条大辫子的19岁姑娘，只身一人从陕西洋县马畅镇到大汉口，又跟着他从大城市武汉来到来凤，为他生养了四个儿女，吃苦受累受委屈，还把工作丢了，30年间只回过一次老家……

两个人默默吃着，张富清突然抬头，凝视着孙玉兰的眼睛，说："从明天起，我要帮你做点家务，我要从半辈子的甩手掌柜，变成家里的主要劳动力，变成你的助手！"

第十章

离休生活

战争年代腿都没掉,没想到和平时期掉了一条腿!

——张富清

来凤县城翔凤镇

第十章 离休生活

一

1985年上半年那会儿,在来凤这样的小县城,人们买菜的主要地方,仍然是所谓的"自由市场"。

自由市场,其实就是一条小街。山里的农民,摘下自家地里的蔬菜,天不亮背来县城,放下背篓、箩筐,就摆在小街两边卖;只有少部分算是摊位,拿两条长条凳子撑着一张门板,茄子广椒萝卜白菜就摆在门板上。相比那些农户,摊位的货品丰富多了。

张富清离休之后,第二天就很正式地陪着老伴上街买菜。他很兴奋。在摆满菜蔬鱼肉的小街上,他一会儿去问活鸡活鸭的价钱,一会儿又跑到肉摊前,研究各种猪肉应该来自哪种猪的什么部位……他还时不时跟孙玉兰感叹几句:很丰富啊!说明来凤老百姓生活好了哇!

夫妻俩一番转下来,结果还真是比孙玉兰平日要买得多:10个鸡蛋,半斤猪肉,一捆南瓜叶子,两个白萝卜,还有5斤洋芋……

回到家,张富清就将那口石磨搬了出来。那时候,黄豆已经泡涨了,每一颗都圆嘟嘟的,黄澄澄躺在清亮亮的水中,好不逗人喜爱!

干什么?

他要亲手做合渣。在来凤,家家户户没有离得开合渣的,因此家家都有石磨，户户都要推合渣。

"我推，你来喂。"张富清先握住了磨柄。

过去，孙玉兰推合渣时，要么是孩子们帮忙，要么自己一只手握着磨柄转动，另一只手往磨眼儿里喂黄豆。

今天不同了！老张上阵了！

于是，这一对陕西人，便像地道的来凤人一样，一个推磨，一个往磨眼里喂豆子。

石磨转动起来，乳白色的黄豆浆液贴着外围的石壁缓缓往下淌，满屋子豆香。

两个老人一边推磨一边说话，亲亲热热，有说有笑……

不一会儿，半盆豆子就磨完了，变成了一盆豆浆，倒进锅里，待到煮开时加入切碎的南瓜叶，加上油盐，合渣就做好了。

说起来，孙玉兰非常感激这一道来凤最常见的土家菜，真正的物美价廉！

生活困难的那些年，孙玉兰每年都要推几十斤豆子的合渣，那是她买得起的东西，那是这个家有能力给予孩子们的最佳营养品！

饭后，孙玉兰要去洗碗，谁知张富清不让，他自己争着要洗。一辈子"工作第一"的人，今天终于回归家庭，走进厨房了！

孙玉兰很有些不习惯，就站在厨房里看他洗。等他洗完了，她去拿拖把准备拖地，张富清又说："我来！"

"哎呀，你什么都做了，我做什么？"

"去歇一下！"

第十章 离休生活

张富清洗了碗,又接着拖地。灶台上几片方块瓷砖,被他擦得一尘不染。地上也不含糊,水磨地反复拖,黑的地方黑亮亮,白的地方白净净。他一边拖地还一边说:"这做人做事都一样,一定要干干净净!"

张富清爱整洁是出了名的。老房子老家具,舍不得丢的小东小西不少,他都把它们擦得干干净净,摆放得整整齐齐。离开部队几十年了,到现在每天起床后,他的被子还是叠得像豆腐块儿一样棱角分明。就连他种花,也是选择一般大小的钵子,种清一色的开放一样花朵的蟹爪兰。

张富清离休后最初的那一段时间,孙玉兰颇有些不大适应。

因为大大小小的家务事都被丈夫"大包大揽"了,孙玉兰觉得她在家里"下岗"了!

有一次,张富清让孙玉兰搬个凳子,坐在一旁看他洗衣服,一边洗还一边乐呵呵地自我表扬:"看看看,我洗得好干净!比你洗得干净多了!以后,你就不用洗了。"

"你把活儿都干了,让我不习惯。"孙玉兰半真半假地抱怨道。

"以后慢慢就习惯了!"

孙玉兰好笑:"莫非老都老哒,还来当个公主不成?"

张富清呵呵笑了几声:"那就当个我们家的老年公主吧!"

一句玩笑话,孙玉兰听得心头一热,喉咙一紧,眼圈都湿了。

一个女人,一辈子到底遇到一个什么样的男人才算幸福?

有地位有钱当然好,他会让你不那么辛苦就可以享受到很好的物质生活,比如住很好的房子、穿很好的衣服;但是,是不是拥有了这些,就足够让一个女人获得她所需要的那一份幸福?

还有,这世界上是不是所有的男人都能够做到,能够用足够的地位、金钱来给予女人所需要的幸福?

无论你信与不信,我们每一个人的生命过程中,总会遇到大大小小的坎坷,真正深刻的幸福,是那种相知相敬相互搀扶着度过人生最艰难的日子,又能够在平平淡淡的时光中,体味最平常最质朴的生活中点点滴滴的美好!

或许,这里头还包含着一个深刻的哲理,那就是:幸福是一种感觉,更是一种强烈对比之下才能凸显出来的美好的感觉!

所以,往往是那些经历过的苦难,那些不离不弃的岁月,反倒成就了一个平常女人平淡而深刻的幸福……

也许,孙玉兰并不懂得这些,但她历经苦难却看不出一丝痕迹,乐天知命,笑声朗朗,她心里头的幸福,和丈夫相濡以沫60多年的深厚感情,却是实实在在的。

60多年以后,她都还记得当时在老家,当父亲问她看上了这个男人哪一点时,19岁的她想都没想,就脱口而出:

"这个人,一点不炫耀,问到才说,思想纯洁。"

是的,80多岁的孙玉兰绝对肯定:作为一个女人,她这一辈子跟对了一个男人!

第十章 离休生活

二

2012年，88岁的张富清突然膝盖发炎、化脓，连续高烧，吃药打针都不见好转。

全家人心急如焚，先是送他到来凤县中心医院住院治疗，没有效果，又转到恩施医院，还是没有效果，最后，转进了省城武汉一家医院。

张家小女儿张建荣是县医院护士，丈夫是医生，照顾父亲住院的担子，首先落在他们身上。

到了武汉，主治医生对张建荣说：根据老人的病情，很有可能要截肢，但考虑到他已经是88岁高龄的老者……

张建荣一怔，一颗心悬了起来。

但医生目前还不打算这么办，他们还是想作一番努力，看看能不能保住老人家的腿。为了争取这个机会，需要先进行一段时间的保守治疗。

医生说，需要给老人注射抗菌药，但这种药反应非常大，会引起恶心、头晕、呕吐，一般人难以忍受……

张建荣转述了医生的建议，张富清沉默片刻，回答道："没事儿没事儿，不就吐几口饭么，比起掉腿子来说，又算什么？"

一开始，药物反应还不是太明显，再加上张富清自己有意克制和掩饰，张建荣并没有察觉到父亲的药物反应有多大。

父亲原本是英雄

每次问父亲感觉怎么样,他总说:"还好,还好!"

但是渐渐地,父亲剧烈的恶心呕吐便再也掩藏不住了。每顿饭吃下去不久,就开始呕吐,哇哇的声音一阵阵刺得女儿心里生疼!到了后来,父亲吃东西越来越困难,呕吐的次数也越来越频繁,有时候刚刚吃完就吐了出来……

但是父亲也不信邪,越是吐,他越是要吃!

还常常开玩笑说:"吃一口,赚一口!"

不仅仅如此,88岁的老人家还要坚强应对不时袭来的高烧……

这天,张建荣在病床边守着父亲吃饭。

"爸,我喂您吃?"

"不!"

父亲不同意。

只见他伸出一双青筋凸起的手,颤抖着拿起筷子,一边皱眉头,一边努力往下咽,每吃一口都十分费力,每吃一口都强忍着恶心,还不时地干呕……

看上去他就像战士打仗一样,正在展开一场跟自己搏斗的生命大战!

"爸!"张建荣实在看不下去了,"歇会儿再吃?"

张富清冲着小女儿笑笑:"我是不会轻易投降的。"

张建荣再也忍不住眼泪:"爸……"

张富清一边强吞硬咽,一边安慰女儿:"多吃一口是一口,比什么营养药都好。"

第十章　离休生活

为了表明自己说到做到，他又强忍着干呕，使劲儿咽了一口。

当时，在场的医生都看不下去了，红着眼圈儿退了出去……

就这样，88岁的张富清硬是坚持了40多天的保守治疗。

陆陆续续，不时有陌生的年轻人来到病房，探望张富清："张爷爷，我们和您合影可以吗？"

最初，张建荣有点不明白：这些年轻人为什么要来慰问父亲，还要跟一个普通老人合影？

医生告诉她：这些年轻人都是实习的大学生，有的本身就是医生护士，他们都被老人的非凡毅力、坚强意志和乐观豁达的人生态度感动了……

三

保守治疗进行了40多天，88岁的张富清也与恶心、头晕、呕吐、无力等药物反应，毫不妥协地斗争了40多天。

然而，病情却仍然没能得到控制，原本就清瘦如柴的身体，越来越虚弱，生命危在旦夕……

医生通知病人家属谈话：如果不尽快进行截肢手术，感染扩散，毒素侵入其他组织，病人随时都有生命危险。

但就病人目前的状况而言，也存在多方面的手术风险。比如，高龄病人各个脏器功能退化，代偿能力差，难以耐受麻醉和手术对生理功能的影响，术中随时可能病情恶化，导致病人死亡。还有，病人40多天饮食不好,内环境紊乱,随时可能因水电解质失衡导致严重心律失常,甚至心跳停止,或者血液动力不能维持,低血压休克。还有,手术麻醉耐受性极差,随时可能出现心脑血管意外,或者循环衰竭……

听到这里,张建荣忍不住哭了起来。

她虽然只是一名护士,不是医生,但她比一般人更能明白医生所说的这种手术风险!

说白了,这个手术如果不做,父亲就没救了;而做,也是"死马当作活马医",同样要面对失去父亲的可能性……分明就是生死之间最后一搏啊!

哪一种选择都不是万全之策,张建荣却要承担这种选择的风险、后果和悲伤、压力!

手术前一晚,张富清非常清醒。他对张建荣说,他有话要跟他们的妈妈说,想打个电话。

电话拨通了,刚讲了几句,他就感觉到老伴的声音,在遥远的来凤家里发抖!

张富清忙安慰道:"玉兰啊,你莫紧张,也别害怕。我们'就大不就小',丢了腿还可以保命,这也是好事,应该庆幸才对。"

说完他却叹了一口气。

"那你叹什么气?"

"我是不愿让你受累,给孩子们增添负担嘛……"

"不怕不怕!"老伴忙说,"只要人在,我和孩子们服侍你!"

第十章　离休生活

张富清放下手机,静静坐了一会儿,两眼默默涌出泪水。

第二天手术,过程还算顺利。

从手术室出来后,张富清被直接推进了重症监护室。

几天以后,当张富清再次出现在儿女们面前时,整个人都变得几乎认不出来了。

你们想想吧!毕竟是88岁高龄的老人,经历了那么大的手术,没有发生什么意外,就已经谢天谢地了。

当时,张家儿女们都哭了起来。

他们心疼老父亲这么大年龄,还要遭受这样的折磨,还要面对失去一条腿的打击!

从此以后,他站不起来,不能行走,余生只能在轮椅上度过……对于他,那是何等残酷!对于子女,那是何等悲伤!

一想到这些,张建荣和哥哥嫂嫂弟弟弟媳们,又忍不住掉下眼泪。

但是,88岁的父亲却没有哭,他面容枯槁、气息虚弱,仿佛一口气上不来就……

然而,任何表面的虚弱,都掩藏不住他内心的强大,掩藏不住他不怕死的革命精神,掩藏不住一个老兵骨子里的血性和坚强!

看见儿女们围绕着他,张富清故意自嘲地说:"战争年代腿都没掉,没想到和平时期掉了一条腿!"

四

手术后第七天,护士来给张富清换药,只见老人家正单腿站在床沿,借助两只手,尝试一点点往前移动。

"不疼吗,张爷爷?"

一想到老人家每动一下,就会牵动伤口引起剧痛,护士心里就一紧:这么大的岁数,怎么承受得了?

张富清笑笑:"还好还好!"

其实他已经疼得满脸是汗。

不仅是医护人员劝阻,儿女们也试图阻拦,但没有用。

他要努力活动,力争早日痊愈出院,早日站起来!

自从那天试探性动一动以后,张富清就开始隔一两天要下床,尽其所能动一动。

后来伤口逐渐愈合了,他心中很快有了一个详细的锻炼计划。

在病床边,张建荣常常听到父亲在电话里向母亲汇报"战果",有说有笑,看来他对自己的努力感到满意。

张富清突然向医生提出装假肢的要求。其实在那之前,他已经学习了解了很多有关假肢的知识。

儿女们大感意外:快 90 岁的老人,而且是高位截肢,还可以装假肢吗?

虽然早已在心里做好了老父亲将要在轮椅上度过余生的准备,

第十章　离休生活

但是父亲有要求，不能置之不理，张健全于是赶紧到假肢厂去咨询。

一位50多岁的专家说："我帮人装过假肢的最大年龄是83岁，但他那是下肢假肢。你父亲这种情况，一是年龄大，二又是高位截肢，我建议还是不装的好，因为不合适。"

见张健全不吭声，专家又说："一般来说，即便是年轻人，高位装配也不一定能实现很好的步行，一般只能帮助站立，或者借助助行器步行。对于高龄老人来说，适应训练非常不易、非常痛苦，你们要给老人讲清楚，考虑好，认真想想，看看有没有必要。"

张健全将专家的原话转达给父亲。

张富清一听，很是满意："只要能站起来，能走，怎么都行！"

出院后，张富清被儿女们直接送到了假肢厂。

配型，定做，调试，初训……

工作人员开始见到张富清时明显有些畏难之色。他们是帮助老人接受初步训练的，有史以来没遇见过这么大岁数的初训对象。

工作人员缩手缩脚，不敢大胆训练，反倒是张富清鼓励他们："没事儿，没事儿！再来！"

五

孙玉兰终于盼到了张富清回家的日子。

家，还是上世纪80年代搬进去再没挪窝的老家——来凤建行老宿舍二楼。

那一天，她早早下楼等候，暗暗在心里给自己鼓劲儿：老头子已经掉了一条腿，千万不能在他面前流泪。

汽车驶入小院，孙玉兰急急迎上去。

车门打开了，首先看到的是老伴那熟悉的笑："我回来了！"

顿时，紧绷了半天的神经终于放松下来。

这才是张富清的风格：无论碰到多大困难，从不埋怨从不泄气，他总是能在一堆堆糟糕的事情中，看到哪怕只有一丝丝的希望！

张健全背着父亲上楼。

本来就不足百斤的父亲失去了一条腿，整个人变得轻飘飘的，小儿子好不心酸！

孙玉兰的注意力集中在那只摇摇晃晃的裤管上。

儿子将老伴放到沙发上后，她用手里的皮筋仔仔细细把裤管捆好，然后她自自然然地坐在他身旁，右手下意识地放在丈夫还剩下的那一点点残腿上。

从那以后很多年，就连她自己也没有意识到，只要她和丈夫坐在那个沙发上，她一定是坐在丈夫的左边，右手也一定是抚着那一点点残腿。

晚上，孙玉兰想看看断腿处，张富清笑着说："有啥好看的，碗大一个疤。"

第二天，张富清一早就醒了。穿衣，下床，还将被子叠得方方正正，然后一条腿站立，靠着床沿活动身体。看见老伴儿担心的样子，他连忙说："你莫担心，我在医院就开始下床锻炼了。我有详细的

第十章 离休生活

锻炼计划。"

"一条腿怎么锻炼?"

"你看。"他说着,一只手撑着床,孩子似的单腿跳了一下。

孙玉兰忙上前去阻拦:"都什么年纪了,别把剩下的好腿也跳坏了。"

张富清抓住老伴的手:"我要站起来,不能坐轮椅,更不能躺着!"

"那最好了。只是……"

孩子们早已跟母亲说了实话:同意为父亲安假肢,其实也只是为了顺顺他的心。他都快90岁的人了,自己的身体才80来斤,还要戴个20多斤重的假肢走路,基本上没有可能。

张富清看出了老伴的疑虑。他抓住她的手说:"我必须重新站起来,至少做到生活自理,不能坐在轮椅上让人照顾!"

孙玉兰安慰道:"我们家的孩子都孝顺……"

张富清说:"这不是孝顺不孝顺的问题。孩子们都要工作,不能拖累他们,影响他们的工作。我们这些离退休人员,不能给国家作贡献了,但也不能给组织添麻烦啊……"

劝说无用,孙玉兰只能按照张富清给自己制订的锻炼计划,按部就班地协助他完成每天的锻炼任务。

早晨吃过饭,时事学习之后,就到了张富清练习走路的时间。

孙玉兰帮忙给老伴装上了假肢,看到他颤颤巍巍站起来,不觉心里一阵紧张。

她想，剩下的残腿本来就不多了，又是新长的肉，突然间杵了一坨东西在那儿，还要靠它支撑起半个身子……

越想越不敢想，越想心里越疼。

但是，这个倔老头才不管这些呢！他一只手撑住床架，先是试探地伸出假肢，然后小心翼翼地迈出了第一步……

孙玉兰一阵欣喜，却听到"啪"的一声，张富清整个身子跌倒在床边。等她几步扑过去，慌手慌脚扶起老伴儿，才发现他从里到外，全身都汗透了。

那些日子，这样的情形每天都要发生，张富清身上跌青了好几处。

孙玉兰实在是心疼了，求老伴别锻炼了："我们就坐轮椅不好吗？那么多老年人都坐轮椅，又不是你一个！"

张富清当然不听，反而对孙玉兰提出一个要求，在家里练习很苦，这件事不要告诉孩子们。同时他保证今后尽量不再把自己摔伤，他也怕摔伤了老骨头，更加拖累老伴和孩子们。

他还让她放心，说他也不会天天傻乎乎地练，他是一边练习，一边研究，一边找窍门，说来说去，还是一个掌握平衡的问题……

夏日的一天，孙玉兰上街买菜回来，见屋里没有动静，不放心，忙丢下菜篮子冲进卧室，结果吓得一声大叫：原来，张富清半坐在地上，残腿四周血迹斑斑，就连墙上也抹上了一大片。还有手指印！

她扑上去扶起张富清。

她平日性情温和，从不对他发脾气，这时候却气得不能自控，

第十章　离休生活

不得不高声数落起来：

"你还要把自己折腾成什么样嘛？"

因为这不是张富清第一次受伤了，他常常脑壳上磕出包，身上青一块紫一块的……

孙玉兰把张富清扶到沙发上，这才发现不仅残腿创面又碰伤了，胳膊也摔破出血了。

张富清指着墙上的血迹："莫让孩子们看到了！想个办法把它擦干净。"

血迹擦不掉，孙玉兰干脆拿把铲子，把它们一点一点全刮了。但是刮也刮不干净，还是能隐隐看出血迹……

她再一次恳求张富清："我们不练了好不好？"

"不行！"张富清干脆地对孙玉兰说，"你不要心疼我流血流汗。要真是让我高兴，你就让我好好练，摔了也莫管我，让我自己爬起来。"他说这些话的时候一脸平静，一脸坚毅："我现在就是一个不会走路的小孩子，小娃娃。小孩儿不会走路，大人就不让他学了吗？"

以后，每到练习时间，张富清都不准老伴在一旁看着。

但他没有想到，每次练习，孙玉兰其实都看到了，只是不声张而已；每当这时候，她就提心吊胆，生怕他把哪儿又摔伤了……

慢慢地，张富清摔倒的次数越来越少了。

一天，两天，一个月，两个月……

整整一年又过去了。

当张富清迈入 90 岁那一年,他终于可以戴着假肢,借助助行器行走了。

第一次下楼,他让孙玉兰陪着他去了久违的菜市场,沿途碰见熟人,他笑得像孩子一样,不断跟人家打招呼。

几乎所有人见到张富清的一刹那,都是同一种表情:大吃一惊!

他们早就知道老爷子截肢了,自然以为他的余生注定要在轮椅上度过了,但他们万万没有想到,他会穿戴得整整齐齐,不少胳膊不少腿地推着一个铁架子,在菜市场买菜!

这天从菜市场回来,张富清借着助行器,到灶台前给妻子炒了两个小菜。饭后,他还帮着打扫了卫生。

孙玉兰记得,当初搬进建行宿舍的那天,她曾经问张富清:

"这以后再不用搬来搬去了吧?"

果然,在这栋建于上世纪 80 年代初期的单位住宅里,老两口一住就是 30 多年。

当年的同事,大都买了商品房搬走了。一楼还租给了商户。

房子,的确老了。

老式木窗经过风吹日晒,已经看不出原来的颜色;斑驳的墙面,有的地方已呈粉片状,随时都会掉落。

唯有灶台上那几片白色方块瓷砖,依旧崭新如故。

尽管如此,堆放有序的物品,擦洗得发亮的水磨地坪,摆放整齐的花钵绿植,无不透露出主人家对生活的无比热爱。

第十一章

老家,是个传说

一个小长工,党把我培养成一个革命军人、共产党员,我深受党的教育,走上了正道,走上了革命道路。

——张富清

陕西洋县马畅镇双庙村

第十一章　老家，是个传说

一

1985年离休之后，张富清就在琢磨一件事：

总得找个时间，回陕西老家一趟。

从1958年最后一次回家算起，已经27个年头了！

那一次回家母亲还健在。小小的个子，一双被旧社会旧风俗摧残的小脚，歪歪倒倒、颤颤巍巍的，仿佛风一吹就可以飘起来……

然而这次回家，再也见不到母亲了！

"我想回洋县，给母亲上个坟！"

他正在呼哧呼哧拖地，忽然抬起头说。

孙玉兰有点吃惊："怎么想起上坟的事啦？"

"昨晚梦见娘了。还是那个样子，一看见我就哭……"

孙玉兰说："年纪大了就容易做梦，小时候的什么事都跑出来了……"

"这跟年纪无关。1960年母亲去世我没回去，没能给她送终，这是我的终身遗憾……"张富清走进卧室，打量着挂在墙上的相框——那里有他们夫妻和孩子们各个年代的照片，只有一张业已发黄的黑白照片上有母亲的身影，那是1958年他们夫妇和老人的合影……

孙玉兰站在丈夫身后,她知道他在想什么……

"好吧,咱们收拾收拾,回双庙一趟!"

孙玉兰爽爽快快答应了。

说走就走,孙玉兰马上开始收拾行装:给老家亲戚们带点什么来凤的土特产呢?茶叶,凤头姜,还是腊肉腊肠腊猪蹄?

"建珍怎么办?"

张富清的意思是除了带礼物,还得带上患病的长女张建珍。

"1958年我们第一次回陕西,就带着她,那时她三岁……"孙玉兰有点担心,"可是现在,要是路上发病可就麻烦了……"

"还是带上建珍吧。"张富清说,"有我在呀,你怕什么?不能把她一个人丢在家里!"

张富清夫妇俩商量之后,长子张建国匆匆赶来了。

张建国笑呵呵地说:"好哇!趁着身体还好,还能动,你们回老家看看也好,老了就更难办了……奶奶不在了,外公还在嘛!"

张富清告诉儿子:"如果外公身体还好,我们打算尽点孝心,把他接到来凤玩一段时间。"

"好哇!让外公看看这一大家人,他肯定对当年的决定感到欣慰!"

张建国这话是故意说给妈妈听的。那时妈妈19岁,是因为外公的坚定支持,她才鼓足勇气,独自一个人到武汉找爸爸……

"外公也是70多岁了吧?"张建国也为父母着急,"路又远,坐车转车又麻烦,你们能把他带到来凤来?我怀疑!"

第十一章　老家，是个传说

　　张富清说："这个你不用怀疑，外公身体还好……"
　　张建国说："问题是你们还要带着大姐，她是病人，随时可能发病，路上有个突发情况怎么办？"
　　张富清说："你大姐不能一个人在家里，我们不放心！"
　　张建国说："是啊，我们几个弟妹都在上班，没时间照顾大姐，再说也照顾不好！"
　　孙玉兰说："你大姐跟我们一起去，没事的，只要不发病，她还要照顾我们呢！"
　　张建国想了想，又给学校打了一个电话，笑嘻嘻地说："我看这样吧，我请假，我陪你们去！"
　　张富清首先反对："不不，你是干部，工作为重，不要你陪，我们自己可以照顾自己……"
　　孙玉兰一听却高兴了："你去当然好啊！你还没去过老家呢！只是恐怕请不动假……"
　　张建国说："我来请假，你们收拾收拾东西，做好长途旅行的准备！"
　　尽管正值学校放暑假期间，张建国还是正式打报告请了假。
　　其实，除了担心父母年事已高，旅途上需要有个照应，张建国心里还有另外一个打算：人活一辈子，总得看老家一眼吧？

二

张建国知道,父亲的老家也是母亲的老家,他们的老家是同一个村子,两家相距不远。

张家住一组,孙家住四组。如今的"组",过去叫"生产队",那是在上世纪80年代农村实行联产承包之前。

老家那个村子的全称是陕西省汉中市洋县马畅镇双庙村。

父母1955年初到来凤工作、定居,年底生下大姐张建珍。大姐三岁的时候,被爸爸妈妈带回老家玩过几天。

那时候奶奶还健在,爸爸妈妈还和奶奶照了一张黑白的合影照——那是他们和奶奶唯一一张合影,也是奶奶这辈子留下的唯一照片。

张建国只是在那张照片上见过奶奶,他和妹妹张建荣、弟弟张健全,从小到大都没回过老家,一次都没回过。

上学不是要填写籍贯吗?他们都填籍贯陕西,可是从来也没到过陕西。

老家,对于张富清、孙玉兰这两个陕西人的子女来说,简直就是一个遥远的传说,有点虚无缥缈的传说!

张建国对老家的一点了解,除了父母之间偶尔谈及的只言片语,主要来自于他怀着强烈好奇心的"自学"。

比如洋县。他心目中的洋县,就像一首歌中唱的那样:

第十一章　老家，是个传说

秦岭南，洋县地，朱鹮飞，梨花雨，千里梯田有鱼米。
…………

可以想象，洋县是一个很美而且很富裕的地方。

而马畅镇，张建国小时候似乎听父亲讲起过，它是北去关中、西至甘肃、南达四川的必经之地，自古兵家必争。

三国时期，蜀国大将赵云曾在此驻军，训练骑兵，从而得名"马场"，晋朝时改为"马畅"。

双庙村，顾名思义应该有两座庙。但张建国在资料上只发现了一座张良庙。

村子的北面有一座巍峨挺拔的高山，叫子房山，海拔977米；山上有座庙，叫张良庙，是在明朝万历年间，为纪念汉朝谋士张良（字子房）所建，是陕南地区最早修建的张良庙。

那里一年四季，香火不断。

在祭祀张良的过程中，张良的故事在双庙村口口相传：他运筹帷幄，决胜千里；他协助刘邦，建立汉朝；他急流勇退，归隐山林……

另一座庙纪念谁呢？是不是纪念杨从仪？

父亲曾经说，站在老家的老房子前朝南望去，200多米之遥，但见一渠清水浩浩东流，滋润着下游万亩良田。

那便是湑惠渠。其中，最初的杨填堰就是由南宋时期洋州知州杨从仪所建。

杨从仪是陕西凤翔县人,他曾在抗金名将吴玠将军麾下,身经百战,英勇杀敌,先后立过战功17次。他文武双全,采集战例撰写成《兵要事类》30卷。

在洋州任职期间,杨从仪率领百姓兴修水利工程,拦截城固县北面老庄镇旁的湑水河源流,筑坝蓄水,修渠灌溉城固县、洋县两县数万亩稻田,使这一带粮食收成大增。

为纪念这位造福于民的将军,这项水利工程取名为"杨填堰"。

杨从仪死后,当地百姓将他葬在了杨填堰堰首,并在马畅镇老街上修筑庙宇,塑了他的像进行纪念。至今,这座庙依然完好如初,杨从仪的故事在当地也是家喻户晓。

一座子房山,一个杨填堰,一个张良,一个杨从仪,构成张建国对老家的全部记忆……

虽然直到1986年,才第一次陪父母回老家看看,但张建国早已从传说中得出结论:

老家,那是一个出英雄的地方!

三

1986年的老家之旅,可是一段漫长、复杂、折腾人的旅程!

首先,来凤县不通火车。同样,洋县也不通火车。

从来凤出发,要先坐汽车到恩施,再从恩施坐汽车到宜昌,宜昌有火车可坐了。在宜昌坐火车到襄阳,再转车去汉中,到了汉中

第十一章　老家，是个传说

再坐汽车到洋县，到了洋县再坐车到马畅镇，再到双庙村……

一个单程就得四到五天，还没有算上因买不到车票或其他不可预知因素而耽误的时间！

张建国想来不无伤感，哪个人会像他这样，直到年近三十，才第一次来到父母的老家，才见到自己的外公……

那天，当他和父亲背着行李，母亲牵着大姐，一家子风尘仆仆出现在村口时，张建国感觉一个村子的老老少少，都跑出来迎接了！

其实只是张家和孙家两家人。他们都是多子多福的大家庭。

回到老屋里刚刚坐下，父亲来不及喝上一口水，就带着全家人做了第一件事：给爷爷奶奶上坟。

62 岁的老父亲跪倒在爷爷奶奶坟前，连连磕头，失声大哭……

"娘啊，苦命的娘啊，儿子不孝啊！1958 年回家您还好好的，1960 年您生病，两封电报都没把我催回来，儿子对不起您啊……"

张建国知道，1960 年奶奶生病时，老家二伯先后拍了两封电报，第二封还是加急电报，可是因为种种原因，父亲没能回来……

收到第一封电报时，父亲正在为解决粮食问题而奔波，哪里能抽身而去？

但他没料到，不过二十多天，母亲竟然一病不起、溘然长逝！家人通知他火速赶回，与母亲遗体作最后告别，安葬母亲。

当天，父亲在工作笔记中写道：干好工作，就是对亲人最好的报答；干好工作，就是对母亲最好的尽孝！如果母亲在天有灵，相信也能理解儿子的心情！

此刻，跪在奶奶的坟前，父亲噙着眼泪，一遍遍向二伯和其他亲友们作出解释——

"娘去世时，只要我请假，组织上一定会批准。我之所以没有回家，一是路途实在太远，没有十天半月回不到家，等我到家，母亲'头七'已过，早已安葬了，不可能见上最后一面；二是缺钱，我当时一个月的工资才30多块钱，寄回来的200块钱需要两三年才能还清，如果再借钱，实在不堪重负……"

张建国也帮着父亲向二伯他们致歉："父亲一直很自责，很歉疚，他三番五次地跟我们谈起这件事，觉得对不起奶奶，一辈子心中有愧……从1960年到如今20多年了，父亲始终放不下这件事！"

二伯一把将父亲拉了起来，噙着眼泪说："弟呀，你工作忙走不开，我们也谅解这个事情。现在你回来了，娘也安心了。"

其他亲戚们也在一旁对张建国说：你父亲早年外出当兵时，多年杳无音讯，也不知道他是死是活，可是只要附近人家有哪个当兵的回家，奶奶就立即拄着拐杖，上门打听儿子的消息。她打听了好多次，人家都说没见过张富清这个人。最后，奶奶认为人已经不在了，她的儿子死了，她就躲到村边僻静的地方，一个人去哭，哭，经常是这样……

在村里陪同父母四处走动时，张建国问父亲："爸，您小时候家里很穷很穷吧？"

张富清笑笑："那是旧社会，双庙村有几家不穷呢？没有田种，没有饭吃，我大哥就是饿死的，几岁就饿死了。"

第十一章　老家，是个传说

张建国知道，父亲在 8 岁时就失去他的父亲了。

"您对我爷爷，还有印象吗？"

"记不得了。"

张富清说，父亲他记不得了，但对家里饥寒交迫的贫穷状况记得十分清楚。

他们兄弟三个，他是最小的。大哥没活几岁就饿死了，又饿又病，家里没钱抓药，他几天就没命了。

家里还有一个姐姐。

他们家全靠一生勤劳的母亲，小脚小个子的母亲支撑着。"当时的情况，就是母亲，她管家里的生活，家里吃饭的人多，自己维持不了，又缺劳动力，没得钱过冬，她就给别人做事，到外面当长工……我们家没有自己的地，没有地种就没有生活来源，就不得不从地主富农手中租田租地来种，维持生活。租地要交租子，天旱地涝没有收成，租子也不能少，就只好饿肚子。母亲租了一小块地，带着大姐二哥他们种菜、种萝卜、种薯类的东西，红苕啊洋芋啊，来解决自己的吃饭问题……"

张建国说："您就当小长工了。"

"是的，"张富清说，"十几岁就当小长工了。"

他说："那段时间，因为家里生活无法过下去了，很困难，我就给人帮长工，家里的生活全靠母亲和二哥，这就是当时的情况。再加上在旧社会，抓兵拉夫，抓兵的把我二哥抓去，抓去以后呢就关起来。关在乡联保处，也就是国民党乡政府！如果他走了，家里当时就没有劳动力了,吃不到饭。我母亲到处找人求情,又没钱疏通关系,眼看二哥就要离开了,到国民党军队那就是送死!那时候,母亲就跟我讲,家里的情况你知道,你哥要是当兵去了,家里就无法生活了,一家人怎么办呢?"

张建国说:"二伯伯当时是家里的主要劳动力吧?"

"是的,他比我大几岁,个子比我高大,身体也比我好,他对家庭来说要比我重要。"

张富清回忆说:"后来有人出主意,用小儿子把二儿子换回来。母亲没有办法,只好把我从帮工人家那里喊回去,要我去乡政府把我哥换出来。……后来因为我人小、个子小,又瘦弱,国民党军队来抓兵的不要我,嫌我不合格,他们看不上,但家里交不上钱,他们也不放我回去。在这种情况下,长期被关着……"

张富清沉吟良久,深情地说:"……母亲呢,心都碎了!在这种情况下,她实在比较困难,比较痛苦,等于是救回来一个儿子,又把另外一个儿子送进了老虎口!那种情况,她能怎么办?……母亲一个小个子妇女,养活我们一家人,实在太不容易了……也觉得父母为我们尽了一切心血,只是那时太困难了……"

张建国问:"乡联保处把您关了多久?"

"大概一两年吧,经常挨打挨骂,吃不上饭……"张富清痛苦地说,"跟坐牢一样,我也是糊里糊涂的……"

"后来您就当了兵了?"

"乡政府不想让我白吃白喝待下去,也不愿意放我回家,就把

第十一章 老家,是个传说

我送给国民党一个部队,几乎是跟长官求情,才把我交出去的。个子太小当兵不行,就跟着长官干杂役,做饭、喂马、洗衣、扫地,长官很凶,一不高兴就拿皮带抽!"

"幸亏不多久,国民党的部队就被解放军'包饺子'了,您才参加人民解放军!"张建国兴奋地说。

"是共产党来了,救了我,小长工被解放了!是共产党给了我第二次生命!"张富清露出舒心的笑容,"我入伍当兵以后,是1948年8月入的党。多亏了党的教育培养,我从一个普通的农民,一个自己不能当家作主的人,一个小长工,成为一个革命军人、共产党员。我深受党的教育,走上了正道,走上了革命道路。"

张建国也笑了。他替父亲高兴。

四

这次洋县老家之行,张建国陪着父母在老家的村子里生活了几天。

到爷爷奶奶的老房子认亲,见到了二伯、伯母,以及他们的儿女孙儿;也到外公家问候了长辈,拜会了亲友,结识了一群表弟表妹。

张孙两家住得近,近到几乎能够互相喊话,因此,父母步行便可到两边亲戚家,天天轮流吃派饭。不一定是大鱼大肉,但是亲情洋溢,美酒飘香。

在带着外公回来凤的前一天,张建国还请小孩子带路,实地游览了清幽宁静的子房山，拜谒了"与世无争"的张良庙；也沿着村边的湑惠渠走了走，看了看，也想了想，当地百姓，为什么至今还在怀念为民造福的洋州知州杨从仪。

这一次，外公孙永祥在来凤住了一个多月，每天和女儿女婿一起生活，朝夕相处，其乐融融。

第十二章

突击队员在成长

　　突击队就是用身体来消耗敌人的锐气和弹药,炸掉敌人碉堡,为主攻部队扫清障碍。突击队员往往是有去无回,九死一生。

——张富清

陕西宜川县、澄城县、合阳县

第十二章 突击队员在成长

一

1948年3月初，在中国人民解放军西北野战军发动的瓦子街战斗取得辉煌胜利的时刻，张富清自愿参军，成为西北野战军的一名战士。

瓦子街战斗是宜川战役的重要一战。宜川战役是解放战争时期，人民解放军在西北战场打下的第一个大胜仗，扭转了西北战局，拉开了战略大反攻的序幕。

瓦子街战斗发生于1948年2月28日至29日。在彭德怀司令员的指挥下，按照毛泽东"围城打援"的军事方针，集中人民解放军的优势兵力，历经两天浴血奋战，在29日黄昏时将敌击退，控制了瓦子街东南山高地，为全歼援敌创造了条件。3月3日8时许，我军打下宜川城，宜川战役胜利结束。

就在此时，张富清光荣参军了，从此成为西北野战军第二纵队三五九旅七一八团二营六连的一名战士。

直到加入了为人民打仗的队伍，他才知道，作为一名解放军战士，他是多么幸运啊！

因为三五九旅可不是一般的军队，连毛主席都称赞三五九旅是模范，不但是南泥湾大生产的模范，更是听党的话、跟党走的模范!

　　…………

　　多年以后，张富清对三五九旅老部队的战友说：我永远是三五九旅的一个兵！

　　他说，作为一名革命军人，我为当年有幸成为三五九旅七一八团的战士感到骄傲和自豪！

　　他说，党叫干啥就干啥，这就是我们三五九旅的光荣传统！

　　他说，部队培养了我，教育了我，使我成长为一名革命军人，我始终没有忘记部队的优良传统，始终保持着当年突击队员的本色，努力为党工作，从未给老部队丢脸……

二

　　"连长！让我上！"

　　张富清冒着敌人的火网弹雨，一步一步爬到连长身旁，大声请战。

　　连长李文才转过一张黑汗淋漓的脸，多少有点不相信："你？你叫什么？"

　　"报告连长，我是新兵张富清！我要上去炸掉那个暗堡！"

　　暗堡就筑在山坡上，并不显眼，露出地面的部分只有一米多高，可它的主体工事都在地下。

　　此时，隐蔽在暗堡的轻重机枪正在疯狂扫射，发射孔喷射着

第十二章　突击队员在成长

道道火舌,飞蝗般的子弹落在阵地的正面和两翼,我们的战士不时倒下……

连长告诫新兵:"解决这样的暗堡,在上面扔手榴弹不行,必须从侧面接近,从射击孔塞手榴弹进去!"

"是!"

连长李文才下令:"张富清,上!炸掉它!"

于是,新兵张富清一跃而起,在火力的掩护下,时而匍匐,时而跃进,冒着敌人的火网弹雨,迂回往前冲。

靠近暗堡后,他迅速拉开手榴弹引信,朝着火花四溅的射击孔塞进去。

只听"轰"的一声,敌人的机枪顿时哑了……

连长高喊一声:"同志们冲啊……"

张富清来不及塞进第二颗手榴弹,身后的战友们已经呐喊着冲上山来……

这是壶梯山之战的一个关键时刻:敌军的上百个伏地暗堡和十几个集团工事,组成了多个扇面火网,封锁着正面仰攻的西北野战军二纵各旅部队,三五九旅七一七团、七一八团、七一九团攻击受阻……

就在这个关键时刻,张富清和数十个突击队员争先恐后站了出来,冲向挡在我军前进路上的伏地暗堡!

与此同时,坐镇三五九旅指挥所的二纵司令员王震,下令炮兵加强火力。一时间炮声大作,一发发炮弹从四面八方飞向壶梯山山顶大庙,壶梯山顿时成了一片熊熊火海,敌兵抱头鼠窜,乱

父亲原本是英雄

成一团……

壶梯山位于陕西省澄城县冯原镇，长约 7 公里，高近 100 米，因形似水壶、状如阶梯而得名。

这座山是连接陕北与关中的交通要道，地势险要，易守难攻，历来为兵家必争之地。

1948 年夏，胡宗南三大主力之一、整编第三十六师向北攻击，进至陕西澄城以北冯原镇、刘家洼地区后，因发现解放军设伏于北面黄龙石堡一带，便停止推进，并立即以壶梯山制高点为中心构筑工事，将部队部署为"品"字形防御配置。

西北野战军命令二纵攻克这个三角集团工事。

张富清所在的七一八团二营六连，在连长李文才、指导员肖友恩的带领下，乘胜进攻、奋勇前进，配合独四旅攻占三角集团工事，直逼山顶高庙。

就在这时，在我军遭到敌人拼死反扑，前进的道路被疯狂的火网阻断的关键时刻，张富清这个刚刚入伍的小个子新兵，自告奋勇担任突击队员，无所畏惧地扑向敌人的暗堡！

二纵各旅攻击部队奋勇冲上山顶，一时间山摇地动，杀声震天，攻无不克，无往不胜！

经过两小时血肉激战，扼守壶梯山的敌整二十八旅八十二团全部被歼灭。

这一仗，24 岁的新兵张富清初露锋芒，取得攻下敌人碉堡 1 个、击毙敌人 2 个、缴获机枪 1 挺的战绩，第一次被授予"战斗英雄"称号，

第十二章 突击队员在成长

并记师一等功。

这一仗,也给他留下永久的印记:他的右手臂和胸部被燃烧弹烧伤,一辈子留着一片片褐色疤痕。而他却称之为"轻伤"。

这一仗,七一八团二营六连发扬"猛打、猛冲、猛追"的战斗精神,被三五九旅评为"攻如猛虎、守如泰山"英雄连,获得"英勇善战模范连"称号。

这一仗,七一八团由于表现出色,被二纵授予"攻坚有功、追击第一"的奖旗。该团击毙敌整三十六师副师长、少将朱侠,俘参谋长、少将张先觉,师长钟松只身逃走。

这一仗,三五九旅攻得勇猛,追得迅速,共毙伤俘敌1169人,缴获各种炮11门、轻重机枪39挺等大批武器,自身也伤亡449人。

"炸暗堡时,你真的不怕?"

战斗结束后,连长李文才和指导员肖友恩亲切问候受伤的张富清。

"真的不怕。只想着炸掉它,没感到怕。"张富清一动手臂就痛得龇牙咧嘴,但他坚持要给首长敬礼。

连长抬手回了礼,伸出大拇指:"好!不怕死,是个好战士!"

指导员也夸奖道:"第一次当突击队员,立功了!"

三

东马村位于陕西省渭南市合阳县和家庄镇,紧挨着乳罗山之巅,是北进合阳县的咽喉。

1948年7月，西北野战军二纵队在位于黑池镇附近的驻地休整后，决定拔掉东马村这颗"钉子"，消灭国民党守军。

从村东进村的唯一道路名叫"断桥"，这里地势险要，但这条险道被敌守军强迫村民挖断了。

从东、南、北三面环绕着东马村的，是当地一条有名的沟壑——金水沟。沟壑上下长满密密麻麻的酸枣树，除非"断桥"不能走了，否则无人涉足。

为了阻截解放军北进合阳的攻势，敌守军已在村子里修筑了六个坚固的碉堡，自诩枪打不进炮打不透，其他防御工事更是多得数不过来。

7月初的一天，张富清带着一个六人突击组，神不知鬼不觉地抵达东马村近旁，潜伏在金水沟的酸枣林里。

他们的任务，是为七一八团进攻东马村打下缺口，扫清敌人外围，为后续部队杀出一条血路……

突击组，实际上就是战场"敢死队"！

张富清3月初入伍，至今不过短短四个月，还算是"新兵"；但他自从参加壶梯山战斗并立功之后，每一次战斗他都积极报名参加突击队，当一个不怕苦不怕死的突击队员……这一次，他已经担任突击小组的组长了。

傍晚，正是吃晚饭的时候，村东头传来第一声炮响，东马村战斗正式打响！

第十二章 突击队员在成长

"同志们！按照分工，立即投入战斗！"

张富清和突击队员闻声而起，立刻冲出长满尖刺的酸枣林，六个人直扑村头敌军岗哨，顿时枪声四起，子弹横飞！

敌人也不是吃素的，不但村口的多个士兵端枪迎战，村内碉堡里的机枪也咆哮起来……

此刻，张富清和突击队员个个手握冲锋枪、身背炸药包、腰上插满手榴弹。他们毫不畏惧，边打边冲，猛打猛冲！

他们的目标是堵在村口的一座碉堡，他们要拿下它，占领它！

然而，就在他们冒着密集的子弹冲进村子，在子弹的间隙中一步步艰难前进，眼看就要靠近碉堡时，两名突击队员忽然被子弹击中，倒地不起！

张富清根本来不及回头看一眼，当即掏出手榴弹，大吼一声："动作快点！不然来不及了！"

只见他飞身而起，几步靠近碉堡射击孔，把一颗手榴弹塞了进去！

眨眼之间，他又把第二颗手榴弹塞进了射击孔！

碉堡的机枪声戛然而止……

接着，张富清和另外三名突击队员冲进碉堡，迅速控制机枪，为后续部队撕开了一道口子……

除了牺牲了两名突击队员，张富清也负伤了。

不过不是枪伤，而是被酸枣林的尖刺划伤。军装被划破，条条缕缕地露出血肉，他浑身上下都是深深浅浅的血痕。

面前的战友，一个个脸上熏得像锅底，衣服上烧得到处是洞；赤着双脚，鞋早就不知道在哪里跑掉了……

黎明时分，东马村守敌全线溃败。

据战史记载，东马村战斗中我军成功围歼了敌人，俘敌官兵1100余人。

此次战斗，张富清带领五名突击队员，扫清敌人外围，占领敌人碉堡一个，给后续部队打开缺口，自己负伤不下火线，继续战斗，获团一等功。

四

挺进，

挺进，

向渭北，

向西安，

向大关中平原上大进军。

那里的穷苦老百姓，

多年来遭受灾难与苦痛，

早就盼望着

解放军

去解放他们……

第十二章　突击队员在成长

1948年8月的一天早晨，太阳刚刚升起，三五九旅七一八团二营六连的党员们集合在一户农家的禾场上，参加一名新战士的入党宣誓仪式。

先是合唱一首军歌，歌名叫《向大关中平原大进军》。昂扬的旋律和铿锵豪壮的节奏，都与我军干部战士那种挺进大西北、解放劳苦百姓的战斗心境密切相连，融为一体。

接着，入党介绍人介绍新战士张富清的有关情况。

连长李文才和指导员肖友恩共同推荐24岁的张富清同志加入中国共产党。

连长说，张富清是在3月初的瓦子街战斗中参加解放军的。指导员说，张富清出身贫苦。

张富清说，在瓦子街第一次接触解放军，他就明白了解放军和国民党军队完全不一样：解放军很仁义、很规矩，纪律严明，从不随便拿老百姓的东西；解放军官兵平等，同志之间团结和睦，战友之间亲如兄弟……

他激动地说，入伍后正赶上西北野战军军事政治整训，他觉得共产党提出的奋斗目标也正是他最大的心愿，这就是"让老百姓耕者有其田、过上好日子"。他家没有一块田，无处可耕田，只能租种地主富农的田，可还是吃不饱肚子，害得他十几岁就给有钱有田人家当长工，做苦力……

最后，张富清噙着泪水说："如果党组织批准我入党，我一定一辈子听党的话、跟党走，党指向哪里，我就打到哪里，叫我干啥就干啥！"

此时，全连战士持枪肃立，一面党旗被两位战友缓缓展开，高高举起来。

张富清永远记得，那面染着战火硝烟的党旗，带着一路征尘，凝聚着多少共产党人流血牺牲、无私无畏、一心为民求解放的崇高精神！

1948年8月，在七一八团二营六连全体党员的见证下，在解放战争的炮火硝烟中，张富清举起右拳向党宣誓：

"我志愿加入中国共产党，作如下宣誓：一、终身为共产主义事业奋斗。二、党的利益高于一切。三、遵守党的纪律。四、不怕困难，永远为党工作。五、要做群众的模范。六、要保守党的秘密。七、对党有信心。八、百折不挠永不叛党。"

入党71年之后，张富清回忆起那个光荣的时刻："那时候部队不分白天黑夜，都在行军打仗，很少有休息时间。有一次，部队停下来休整了一天，连队召开党员大会，为我一个人举行了入党宣誓仪式……"

有个年轻人好奇地问道：您还记得入党介绍人吗？

"记得，记得，一辈子都不会忘记。我入党的时候，是指导员和连长做的介绍人，是1948年8月入的党。"

"您是突击队员，才有资格入党吧？"另外一个年轻人又问。

95岁的张富清看了看问话的年轻人，然后仰起脸思索片刻，严肃回答道：

第十二章　突击队员在成长

"突击队就是用身体来消耗敌人的锐气和弹药,炸掉敌人碉堡,为主攻部队扫清障碍。突击队员往往是有去无回,九死一生。"

"当上突击队员就可以入党吗?"有人问道。

"当时入党要求极高!只有永远对党忠诚,打仗勇敢,不怕牺牲的人才能入党,而且是成熟一个发展一个,不是当一两次突击队员就可以入党的。"

五

1948年秋冬之际,二纵三五九旅七一八团接到命令,务必在冬季战役正式打响之前,拿下澄城县临皋村。

那天黄昏时分,七一八团二营六连冒雨开拔,趁着夜色,深一脚浅一脚地奔向临皋村——要在那里出其不意攻其不备,为我军即将正式展开的冬季攻势打响第一枪!

张富清此时已经担任七一八团二营六连四班班长。

临行前,连长和指导员集合全连,下达作战任务。

"张富清!"

"到!"张富清出列。

"你带四班提前半小时出发,你们必须提前到达目的地!"

"是!"

"你们的任务是什么?"

"执行外围搜索任务,为后续部队摸清敌情、扫除障碍!"

连长满意地点点头,然后扫视全场一眼,给张富清和四班下达命令:"向后转!出发!"

于是,不久前火线入党的张富清带领全班战士,个个精神抖擞,人人斗志昂扬,以小跑的速度冲进风雨交加的夜幕……

临皋村位于澄城、蒲城、大荔三县交界处,地势较高,是连通东西的枢纽,自古以来就是兵家必争之地。

那里驻守着敌军一四四师四三〇团。

子夜刚过,张富清带领四班抵达临皋村附近,提前进入我军的预定战场。

在夜幕和雨幕中,他们立即展开外围搜索,在确定了敌军防御布置、岗哨位置之后,随即占领全村制高点——位于村西北的一处看上去摇摇欲坠的高崖……

在这道有着垮塌危险的悬崖上,张富清带领战友们架好机枪,准备好手榴弹,每个人都持枪在手、子弹上膛,一动不动静候大部队到来。

鸡叫头遍,天将拂晓,战斗就在雨中打响了!

张富清端起一挺机枪,也不吭声,朝着敌人的火力点噼噼啪啪射击起来……

起初敌人不曾觉察这仿佛天外飞来的子弹,也没法还击,张富清他们便越战越勇,火力越来越大,结果暴露了自身,招来敌人疯狂反击,三个站起身投掷手榴弹的战士来不及卧倒隐蔽,不幸中弹牺牲……

第十二章　突击队员在成长

由于他们在制高点上对敌人的封锁火力进行强力压制，我军顺利包围并占领了临皋村，歼灭敌军一四四师四三〇团；接着，我军又乘胜追击，在合阳乳罗山消灭了敌一四四师一个多团……

——这是1948年冬季战役发起当天的辉煌战果。张富清也因先敌抢占制高点，压制消灭敌人，圆满完成截击任务，获师二等功。

一四四师溃败的消息传到西安，胡宗南误以为我军又要在澄合地区发动战役了，慌忙下令第一军、六十五军和十七军十二师，由蒲城、富平向东增援……

彭德怀趁胡部主力分散之际，立即率西北野战军司令部西渡洛河。

随后，彭德怀指挥我军右翼兵团，在富平康庄地区歼灭敌十七师大部和第三军军部两个营；攻占店子坡等地，歼敌二五四师一部；炸毁了黄堡镇以北的铁桥，攻占了黄堡镇及火车站。

胡宗南又上当了！他误认为解放军主力要在咸同铁路上作战，急忙把第一军、六十五军西调，并令盘踞在澄城、合阳以南地区的九十军及三十六军一六五师退守大荔，七十六军则退守蒲城永丰镇……

至此，我军对胡宗南部的军力"调动"圆满完成！

随后，彭德怀率野战军指挥部，星夜东进蒲城县东洛河西岸的山怀村（后移至坡头村），指挥左右两个兵团主力，大举围歼退到永丰镇的敌七十六军……

第十三章

永丰之战

　　贵府张富清同志为民族与人民解放事业，光荣参加我西北野战军第二纵队三五九旅七一八团二营六连，任副排长。因在陕西永丰城战斗中勇敢杀敌，荣获特等功，实为贵府之光、我军之荣。特此驰报鸿禧，并致贺礼。

——西北野战军司令员兼政委　彭德怀

陕西蒲城县永丰镇

第十三章　永丰之战

一

1948年8月15日,毛泽东为中央军委起草致西北野战军领导人彭德怀等人电,告诉他们:9月起全国各区均将有大战,希望你们能配合。

这里所说的"大战",是指东北野战军将于9月12日发起的辽沈战役,华东野战军将于9月16日发起的济南战役,以及紧随其后的淮海战役——也就是即将在中华大地壮阔展开的解放战争大决战!

彭德怀等遵照中央军委的指示,先后在渭河北岸主动发起了澄合战役、荔北战役,沉重打击了胡宗南军事集团……

直到1948年11月6日,华东野战军与中原野战军联合发起的规模空前的淮海战役正式打响之时,解放战争决战的全国战局是这样的:

在东北战场上,国民党军连战失利,兵败如山倒。1948年10月15日解放军攻克锦州,11月2日解放军攻克沈阳,东北全境解放,东北国民党军47万人被俘获或歼灭。

在华东、中原战场上,9月24日,华东野战军攻克济南;10月22日,郑州解放,国民党1万多官兵被歼;10月24日,开封解放……

1948年11月6日、7日，彭德怀主持召开西北野战军前委扩大会议，决定从11月中旬开始，在渭北地区发起冬季攻势，拖住胡宗南集团，使其无法东调淮海战场……

彭德怀确定的具体打法是：以二、三、六纵队组成左翼兵团，隐蔽集结于洛河两侧地区；以一、四纵队等组成右翼兵团，向铜川、耀县敌军进攻……

自从11月中旬西北野战军的冬季攻势打响，在西安绥署中，胡宗南就不断接到各地危急的消息。他也无力回天，只能极为被动地指挥几个军在洛河两岸东奔西逃，疲于奔命，处境被动，到处挨打……

正如彭德怀当时在电报中所言——

"自荔北战役胜利后，胡宗南即集中九个军番号（其中六十五军、十七军、三十八军被消灭过半），自以为得意，其结果东至洛河以东，西咸同铁道，十二天中往返奔驰三次，平均每日走八十至一百里，像乒乓球一样，被打得东西奔跳，其疲劳之状，可想见。"

11月25日，在蒲城县永丰镇，胡宗南第七十六军在被我军打得东奔西逃后，最终陷进了一个插翅难飞的天罗地网之中……

二

1948年9月25日，被我军打得东奔西逃的敌七十六军，在军长李日基带领下，狼狈不堪地逃至永丰镇。

第十三章　永丰之战

永丰镇位于洛河东岸，距蒲城县东约 30 公里处。

永丰镇素有"围寨高而坚固"之称。在李日基眼里，也许是个"固守待援"、死里逃生的极佳之地。

敌七十六军抵达永丰镇之后，李日基因为担心新兵多、易溃散，便把大部兵力集中在永丰城寨之内和附近几个据点，然后在洛河两岸高地布置了一定兵力作为支撑点。

李日基还来不及喘口气，西北野战军第二、第三纵队主力，就在王震司令员的指挥下追踪而至，并且立即在洛河两岸发起钳形攻势……

眼看解放军四周进逼、铁桶合围，李日基慌了，不断向胡宗南发电求援，几分钟发电一次。胡宗南急令李振兵团驰援，并限令他 26 日到达永丰……

与此同时，李日基下令各部队在寨墙上挖凿枪眼，在寨内空地上挖掘掩蔽部，作好巷战准备，打算豁出老本拼死一搏……

11 月 25 日下午，我军二纵队向河岸敌军二十四师发动攻击，20 分钟内即攻占坡头及东陈庄等据点，将敌七十团一部及七十一团大部全部消灭。

25 日晚，为了尽快东渡洛河，我军二、三纵队战士们无惧敌军火力封锁，纷纷脱掉衣裤，涉过冷冽的急流，迅速完成对敌七十六军的包围……

11 月 26 日晚，我军做好土工作业及进攻阵地布置工作后，即准备总攻，并向李日基发出劝降书。

此时，在东西长 600 米、南北宽 300 米的城寨之内，一下子挤满一万多人，几无立足之地，怎能不是一片混乱！

不但喝不上水，吃不上饭，连火也不敢烧……

寨墙外每飞来一发炮弹，都能炸伤敌军几人，甚至几十人……

特别是一种新式"棍棍炮"（即炮雷），更是让敌军避之不及！只要听到响声，有如惊弓之鸟的敌兵立即吓得头也不敢抬，只得成班成排地坠下城来，举手投降……

但是，李日基是不想投降的。26 日限期已过，李振兵团援兵未至，而退踞胭脂山及其周围地区的敌九十军、三十六军、六十九军等部，虽有救援之便，却也不敢动弹，只是终日炮击，虚张声势，眼巴巴看着七十六军成为瓮中之鳖……

27 日清晨，我军发动第一次总攻。

因为永丰城墙高而坚固，城外全是开阔地带，我军隐蔽困难，而敌人高据城楼，枪炮齐备，这一场攻守之战注定异常惨烈！

我军先是分为四个分队突击城墙，突击队员们冒着密集的机关枪扫射，抬起三个竹梯绑在一起的云梯，呐喊着冲向城墙……

有的冲到城墙下，立刻顺着近 30 米的云梯往上爬……

有的还在奔跑的路上，就被子弹击中，没被击中的继续往前跑，继续往上爬……

有的已经爬上城墙，却被敌人打死打伤，鲜血淋漓滚落坠地……

尽管突击队员死伤甚多，但战士们依然前仆后继。可是，我军仍然没能攻下高而坚固的永丰城墙！

第十三章　永丰之战

直到中午,我军攻城仍然成效不大,于是部队决定改变战术,也就是立即进行坑道作业,通过坑道直抵城下!

三

11月28日凌晨,我军将再次向永丰城发起总攻!

张富清所在的七一八团二营六连是这次总攻的突击连。上级交给的"死任务",是想尽一切办法越过城墙,炸掉两个对我军威胁最大的五六米高的碉堡!

27日深夜,全连集合,连长、指导员作了战前动员,明确了本连作战任务。

连长问道:"连队要挑选三名战斗能力最强的战士编成第一突击组,有谁报名?"

张富清率先举起手:"报告!算我一个!"

他一带头,几十条年轻的手臂纷纷举起来。

指导员赞扬张富清:"每次你都冲在前头啊,好样的!"

是的,3月当兵以来,特别是8月入党以来,张富清跟随西北野战军第二纵队三五九旅这支英雄部队,转战在渭河以北、洛河以东的广大地区……这不是他第一次冲在前头了。

每次连队布置突击任务,他都报名。手一举,就意味着准备受伤、准备牺牲。

多年以后他介绍说:"那时候,解放军的'突击队'就是'敢死队'，是冲入敌阵、消灭敌军火力点的先头部队，伤亡最大。"

每一次战斗，张富清总是担任"突击队员"。

他说："我每次都积极报名参加突击队，为什么？因为我是共产党员，在党需要的时候，越是艰险，越要向前！为了党和人民，就是牺牲了，也是无比光荣！"

张富清多次参加突击组打头阵，可他的身体其实很瘦弱，他打仗的秘诀是不怕死。

他说："一冲上阵地，满脑子是怎么消灭敌人，决定胜败的关键是信仰和意志！有了坚定的信念，就不怕死……我情愿牺牲，为全国的劳苦人民、为建立新中国而牺牲！死也值得、光荣！"

那天深夜，张富清带领第一突击组出发时，连长李文才和指导员肖友恩分别和他们握了握手，似乎是做最后告别——谁都知道，这一次任务凶险万分，也许还没爬上城墙就牺牲了！

张富清背着2个炸药包、16枚手榴弹，还有冲锋枪和子弹，带着2名队员通过地道接近城墙，然后抠着砖缝攀上4米来高的一处城墙。

张富清第一个跳进城内，十多个敌人向他扑来。

看到一群敌人围了过来，他端起冲锋枪一阵猛扫，当即打死敌人七八个。

这时，他突然感觉头部好像被什么东西重重砸了一下，顿时麻木，但不觉得疼，只觉得闷……

他哪里顾得上这些！

第十三章 永丰之战

他看到敌人的碉堡还在猛烈射击,火花飞溅,就不顾一切地匍匐着爬过去……

靠近碉堡后,他用刺刀刨出一个土坑,将捆在一起的八枚手榴弹和一个炸药包码在一起……

他毫不犹豫地拉下手榴弹拉环,接着一个翻滚,滚到一边的安全区……

随着惊天动地一声巨响,敌人的碉堡飞上了天。

张富清屏住气,定定神,飞快地爬到另一座疯狂扫射的碉堡旁,又用同样的方法炸毁了它!

第二个碉堡炸掉后,张富清才感到脑袋发晕,浑身疼痛,体力有些不支。他一摸脑袋,发现都是血……原来是一颗子弹曾擦着他的头皮飞过,在头顶犁开一道口子!险些揭开了天灵盖!

他想,如果这颗子弹再低那么一点点,自己可能就"光荣"了。

此时,他满口的牙齿也都被爆破声震松了,三颗大牙当场脱落。

但他知道,他丝毫不能松懈。

他必须在夜幕下坚守阵地,直到大部队上来。

他一个人坚守阵地,一次次打退敌人的反扑,孤军奋战长达五个小时!

还缴获了两挺机枪和数箱弹药。

张富清独立作战直到天亮,体力消耗殆尽,看到攻城部队打了进来,他一下子瘫倒在阵地上,被后续部队用担架抬了回来。

九死一生的张富清醒来后了解到,至28日上午10时,永丰战斗胜利结束，敌第七十六军万余人全部被歼，连军长李日基也做了俘虏。

但我军也付出了惨重代价，一夜之间，仅一营就换了三位营长，而他们六连换了八位连长！

和张富清一道执行突击任务的另外两个战士，跳下城墙后就再也没有见到。

第二天，枪声渐渐平息，张富清出去找他们，边哭边找，可城里城外转了好几遍，始终没有找到……

张富清仰天长泣："战友啊，你们在哪里？"

连长呢？指导员呢？

循着七一八团二营六连的进攻路线，他找遍战友们战斗过的地方，找遍死伤枕藉的战场，没有找到自己的入党介绍人，没有找到第一个称自己"同志"的人！

张富清蹲在战场废墟上，不禁失声痛哭："我记得我的连长李文才，记得我的指导员肖友恩，我永远记得你们……可是，你们在哪里呀？你们在哪里呀……"

四

1948 年 12 月 1 日，中共中央致电彭德怀、贺龙、林伯渠等，并转西北人民解放军全体同志：

"庆祝你们歼敌第七十六军两个整师、第六十九军一四四师和

第十三章　永丰之战

第三军十七师大部共十个整团近三万人的巨大胜利。尚望继续努力，为全歼胡宗南匪军，解放大西北而战。"

12月初，西北野战军第二纵队在合阳县黑池镇的峪北村召开全纵队英模代表大会。

24岁的张富清因表现英勇荣立军一等功，并被授予"战斗英雄"称号，王震将军亲自给他佩戴军功章。

西北野战军总部加授他"特等功"，并向他家寄送报功书。

报功书上说："贵府张富清同志为民族与人民解放事业，光荣参加我西北野战军第二纵队三五九旅七一八团二营六连，任副排长。因在陕西永丰城战斗中勇敢杀敌，荣获特等功，实为贵府之光、我军之荣。特此驰报鸿禧，并致贺礼。"

签署这张报功书的，正是西北野战军司令员兼政委彭德怀。

彭德怀到参战部队视察时，多次接见张富清和其他突击队战士。见到张富清，彭老总握着他的手说："你在永丰为人民立了大功，好好干！我可把你认准了，你是个好同志！"

1950年，西北军政委员会颁布《解放大西北人民功臣奖章条例》，张富清因为功勋卓著，被授予"人民功臣"奖章。

第十四章

北京，天安门

> 作为一名党员、一名革命军人，奋斗的目标、奋斗的梦想，就是为了建立新中国，为了人民能够走上幸福、美满的道路。
>
> ——张富清

新疆—北京

第十四章　北京，天安门

一

1949年10月1日，这是中国人民永远不会忘记的光辉日子。

这一天，北京30万军民聚集在天安门广场上举行开国大典。

下午3时，毛泽东、朱德等党和国家领导人沿着城楼西侧的古砖梯道，最先登上了天安门城楼。

当林伯渠宣布典礼开始后，在雄壮激昂的乐曲声中，中央人民政府主席、副主席和各位委员就位。

人民领袖毛泽东庄严宣告："同胞们！中华人民共和国中央人民政府今天成立了！"

接着，毛泽东亲手按动电钮，新中国的第一面五星红旗在广场上冉冉升起！

顿时，54门礼炮齐鸣28响，如惊雷报春，大地欢声雷动。

礼炮28响，它标志着中国共产党领导中国人民英勇奋斗28年，终于建立了一个人民当家作主的社会主义新中国！

此时，25岁的张富清作为中国人民解放军第一野战军第一兵团第二军第五师第十四团二营六连的副排长，还继续跋涉在甘肃张掖到酒泉的行军路上。

喜讯，是两天后听到的。

"新中国成立啦！"他和战友们格外高兴，举枪高喊！

2019年5月，在来凤县建行老宿舍小客厅里，张富清对一群北京来的年轻记者说："当时非常高兴。作为一名党员、一名革命军人，奋斗的目标、奋斗的梦想，就是为了建立新中国，为了人民能够走上幸福、美满的道路。这是一名革命军人、共产党员应做的，也是一名革命军人、共产党员的职责。"

1949年10月5日，第一野战军在张掖举行庆祝中华人民共和国成立大会。然而，张富清仍然没能参加庆祝大会。他这时已作为战斗骨干调入第二军教导团，正在酒泉参与筹备进军新疆的粮草兵马的工作……

1949年10月10日，在酒泉，王震司令员一声令下，包括由原三五九旅整编而成的第一野战军第一兵团第二军在内的数路大军，向着遥远的新疆，开始了气势磅礴的大进军！

二

进军新疆，要把五星红旗插上帕米尔高原！

从酒泉到喀什，2500多公里，要穿越戈壁瀚海，要翻越雪山峻岭，要冒着零下二十几度的严寒，且沿途渺无人烟，输送汽车不足，给养供应和运兵工作均十分困难。除了以师为单位组成骡马大队运送武器、给养和少数伤病员之外，广大官兵基本上都是凭着两条腿跋涉，徒步进疆。

第十四章　北京，天安门

行军途中，他们还要利用短暂的停留时间，认真学习进疆之后要特别注意的各种民族政策、风俗习惯，接触和改造起义部队，还要追剿某些破坏和平解放、顽固不化的土匪兵痞。

当然，还要在通过戈壁沙漠和翻越崇山峻岭时与严寒作斗争。在翻越荒无人烟的祁连山时，战士们身上还穿着从陕西出发时的单衣。暴风雪袭来，他们身上的衣服很快就被冰雪冻住，紧紧贴在身上……暴风雪越来越大，许多战友也因此长眠在祁连山上。

后据报道，张富清的老部队——五师十四团，1949年翻越祁连山途中，"整日雨雪交加，狂风不止，战士全身湿透，冻死牺牲130人，冻坏脚不能行走者100余人"。

张富清记得，二军教导团在吐鲁番过冬时，部队发放了冬装，并给每人准备了九天的生熟粮、八天的油盐、三四斤牛肉干及一些柴火。

接着离开吐鲁番，再徒步行军1600多公里，于1950年三四月间到达喀什。

他说，这次进疆，也是原三五九旅的"第三次长征"。

挺进途中，张富清和战友们时常高唱由王震的诗谱写的战歌：

　　白雪罩祁连，
　　乌云盖山巅。
　　草原秋风狂，
　　凯歌进新疆。

哼起军歌，张富清高兴地说："比起三五九旅的前两次长征，这次进疆可'幸福'多了。"

他说："到哈密后，吃饭也能像模像样地用上碗了。之前开饭时，尤其是在一路奔跑、脚不沾地的奔袭途中，炊事员就把食物往你手里一塞，往你军帽里一扣，甚至就倒在几片树叶上。大家边走边吃，竟然也觉得有滋有味。"

即使是用汽油桶烧开水，也成了他心里的"幸福"。

"到喀什后，能经常洗衣服了，用开水一烫，烫死的虱子漂一层……"

张富清带点自豪，带点激动，微笑着向年轻人介绍："到了新疆，我再没打过光脚板了。"

因为，他是从旧社会跑出来的"小长工"，"以前在陕西，不管是在家乡还是在外地，没鞋穿是常事"。

从童年到青年，张富清的脚板总是长满老茧，又厚又硬。

他说："赤脚不影响行军打仗。有时打仗都赤着脚，有的烈士是光着脚牺牲的。"

但是，1949年解放了！——不光有了新军鞋，还穿上了新军装！

他说："在进军新疆途中，部分官兵已经换上黄色的新军装，就是现在说的'解放黄'，还有了新棉衣。"

张富清说，进疆部队全体换装，是到了南疆以后。

第十四章 北京，天安门

三

1953年初，中央军委从各大军区抽调有作战经验的连职以上军官，到北京集中，准备入朝作战。

部队领导找到副连长张富清说，上级准备抽调连以上战斗骨干入朝作战，问他是否报名。

"新中国不容侵犯，我去！"

有人问道："刚从战场下来，九死一生，才过了几天安稳日子，为什么又争着返回战场？"

就在一瞬间，张富清满脸的微笑消失了，变得神色严峻，言辞坚决："我们是人民的军队，眼看着敌人要打到中国来了，我们如果不出头，人民就没好日子过了嘛。"

随后，不到半个月，他就和几十名战斗骨干，迈开双腿，再次出发。

从新疆到北京，是张富清的又一次"长征"。

一行人，背着面粉做的坨坨馍，星夜兼程。沿途公路不多，好不容易碰到公路时，公路破烂不堪不说，还很难找到车辆，只得有车时就坐一段，大多时候还是凭着久经考验的双脚，徒步进军。

就像部队行军时战士们常说的："走路靠脚板，吃饭啃干粮。睡的露天铺，躺下地当床……"

"路上缺水，在补给站装一壶水，渴得受不了才舍得喝一口，干得口鼻出血,有人还晕倒过。"张富清回忆说。

那一趟从新疆到北京的急行军,总共走了一个来月。

到达北京时,他们的身体极度疲惫,军委领导安排他们休息一个星期。

2019年5月,95岁的张富清对北京来的一群年轻人说:"到北京后,我感到很疲劳,吃饭不大吃得进去,接连好几天只想喝水。"

1953年,那是张富清这辈子第一次到北京。

中央军委的领导十分关心他们,不但安排这批战斗骨干观看文艺演出,还安排他们坐车游览了北京的名胜古迹,长城、故宫、颐和园……

而张富清印象最深的,一直念念不忘的,是庄严雄伟的天安门!

那一次站在天安门广场,他不禁心潮起伏、浮想联翩:如果新中国成立那天,能现场接受毛主席检阅、聆听毛主席讲话,该有多好!

要是每一个解放军战士,都能像他一样来到首都北京,在天安门前站一会儿……那有多好!

1953年,站在天安门广场,他感到无比欣慰:新中国,是打出来的,也是走出来的!

为了这一天,张富清这个普通士兵,从"山连山川连川"的陕北,到"平沙莽莽黄入天"的南疆,再到首都北京,他走了多少路,打了多少仗,吃了多少苦,受了多少伤!……

还有他的连长、他的指导员,还有千千万万流血牺牲的战友……

第十四章　北京，天安门

如今，面对一群孙子辈的年轻人，95岁的张富清满含热泪，不住地感慨、叹息："太多了，太多了，为了新中国，我们牺牲的将士太多了！"

他的连长、指导员、排长、班长，牺牲了一个又一个。

一次突击，突击组成员大多都回不来。

一次战斗，连队就少了很多战友。每次看到熟悉的面孔不在了，他的心便特别沉重。

永丰战役，他所在的二营六连，一夜就换了八个连长，全连几乎打光了。战斗结束后，他被战友抬回来，卫生员赶紧给他处理伤口。第二天他拄着拐杖到处去找，找，找……

可是，再也不见那两个和他一道冲向城墙、并肩战斗的战友，情同手足的战友……

他一辈子都深感自责："没把两个战友照顾好，自己还活着，可他们却牺牲了，连掩埋一下、立个坟头的责任，我都没尽到啊！"

从此以后，每当清明节，他都会避开家人，遥望远方，一个人静悄悄地待一会儿，在心里默默祭奠远去的战友，任凭泪水顺着脸颊，肆意流淌……

"和牺牲的战友比，我是幸福的！"

每到这个时刻，张富清的内心深处总是充满怀念和悲伤，充满知足和感恩，同时也洋溢着继承战友遗志、为党为人民继续奋斗的满腔豪情……

四

张富清与其他被抽调的连职以上军官才到北京，就传来《朝鲜停战协定》即将签订的消息，这批战斗骨干于是被送到军委防空部队文化速成中学学习文化知识。

几个月后，董必武任总团长的"全国人民慰问人民解放军代表团"赴各地部队开展慰问活动。慰问团来到学校，张富清和战友们每人获得一块纪念章、一只搪瓷缸。

这只搪瓷缸一面印着天安门、和平鸽的图案，一面印着"赠给英勇的中国人民解放军""保卫祖国　保卫和平""全国人民慰问人民解放军代表团赠"等几行字。看似普通，却承载着全国人民对人民解放军的热情、爱戴、鼓励和期望！

他视若珍宝，爱惜有加："这是全国人民慰问的缸子，是全国人民对解放军的爱戴，我要一直留着……"

1955年，张富清从军委防空部队文化速成中学退役转业。他带着19岁的孙玉兰从武汉溯江而上，一路向西，来到湖北省最偏远的来凤县。他们的行李简单，其中就有这只搪瓷缸。

落户来凤县之后，从县城到三胡区，又到卯洞公社，再回到县城，30年来张富清的工作地点一变再变，但在他随身携带的物件里，始终都有这只搪瓷缸。

对于他来说，这不仅是一只喝水的搪瓷缸，而且装着他对血与

第十四章 北京，天安门

火的部队生活的回忆，装着一个军人的岁月和荣誉！

不论是端着喝水，还是一抬眼皮瞟一眼，也许他就看见了一个个战友的面孔，特别是那些牺牲的战友！……

几十年倏忽已过，用的时间久了，搪瓷缸磨破了，他马上拿牙膏皮补好后继续用。补了又补，实在没法再用了，他就拿来装牙膏。

"他说只有不要命的人才能得到这只缸子……"相濡以沫64年，孙玉兰十分理解丈夫的心情。

84岁的孙玉兰至今记得，有一次搪瓷缸不知被谁不小心碰着摔到地上了，虽然没有摔坏，但平常像个笑面菩萨的张富清却几乎生气了，站起来，扬着手指一点一点，声音发颤："你，你……你注意点哩！"

第十五章

永远的战士

虽然工作上离了休,但思想上政治上不能离休!

——张富清

来凤县城翔凤镇

第十五章　永远的战士

一

2017年7月的一天,中国建设银行来凤县支行办公楼,两位老人正在气喘吁吁攀爬楼梯。他们正是张富清老两口。

此时张富清93岁,老伴孙玉兰也是82岁高龄了。

张富清是在老伴的搀扶下,拖着假肢、撑着支架,一路蹒跚,花了一个多小时,才走到办公楼来的。

建行来凤支行是他离休前的最后一个工作单位。单位举办主题党日活动,他是党员,入党快70年了,他不能不来。

开会在三楼,却没有电梯。老两口只能沿着楼梯,扶着栏杆,一层一层往上爬,一步一步往上挪。

要说起来,像张富清使用的这种假肢,最怕的就是爬楼。

"歇歇!"孙玉兰停下来帮老伴擦汗,免不了又埋怨几句,"说了不来不来,硬是要来!"

"哪能不来?"张富清一边喘气一边安慰老伴,"快了,快到三楼了。"

喘息片刻,老两口又开始一步一步往上爬。

张富清一边挪步,还一边说笑:"咱这算是小长征哪,走一步近一步,胜利在三楼!"

踏上最后一步,他又像孩子一样乐了:"这不,胜利了!"

胜利是胜利了,但他已是气喘如牛、大汗淋漓……

孙玉兰忙上前为老伴擦了一把汗。

刚走到会议室门口,一个中年男人迎上来,十分惊异:"您是……"

"张富清,来参加老干支部主题党日活动的。"

中年男人一怔,一时有些语塞,他把张富清上上下下打量一番,十分过意不去:"对不起对不起!我不知道您是……"

的确,张富清在接到电话通知时,只字没提自己行走不便尤其是上楼艰难的事,他表示一定会来,开开心心地说:"组织召唤,哪能不来!"

中年人一边把张富清老两口迎进会议室,一边道歉:"都怪我,怪我不了解情况,害得您二位受这么大的累……"

张富清说,党员参加组织活动是不讲条件的。

几十年来,张富清从来都是按时交纳党费、积极参加组织活动的。尤其是离休以后,这件事成了他生活中最神圣的事。每个月,他总是按期赶到单位,亲手交上党费,只是截肢后有段时间实在是不方便,他才委托老伴去交。

今天的主题党日活动中很重要的一项便是全体党员重温入党誓词。

张富清在老伴的搀扶下站起来,庄严地举起了右手:

"我志愿加入中国共产党,拥护党的纲领,遵守党的章程,履

第十五章 永远的战士

行党员义务，执行党的决定，严守党的纪律，保守党的秘密，对党忠诚，积极工作，为共产主义奋斗终身，随时准备为党和人民牺牲一切，永不叛党。"

张富清一脸神圣，声音高亢。

建行的新老党员打量着这位党龄近70年的老党员、老行长，无一不感动，无一不敬佩，都说，这才是合格的党员，一生过得硬的优秀共产党员！

回到家，张富清对老伴说："你不知道重温誓词时我的心情，我站在建行，一时间像是又回到了战场上，想起火线入党的情景。"

他说着，眼里闪着泪光。

"那时候的誓词跟现在有些不同，我还记得——"他说着，情不自禁地举起了右手，"我志愿加入中国共产党，作如下宣誓：一、终身为共产主义事业奋斗。二、党的利益高于一切。三、遵守党的纪律。四、不怕困难，永远为党工作。五、要做群众的模范。六、要保守党的秘密。七、对党有信心。八、百折不挠永不叛党。"

孙玉兰走到他面前，安安静静陪他坐着……

这样的情景，这样的气氛，也勾起了孙玉兰对60多年前温馨画面的回忆：

那天在家乡，介绍人安排他俩相亲，也是第一次正式见面。在双庙村的村间小路上，路上结着冰凌，踩得咔嚓咔嚓响，她问了他第一个问题：

"你在当兵，有没有加入组织呢？"

"我 1948 年入了党。"他的回答非常简单。

短短几句对话，19 岁的孙玉兰便决定了自己的终身大事：

"当兵的人，思想纯洁，所以嫁给他！"

二

随着年岁的增长，张富清的残腿肌肉萎缩加重，骨骼也渐渐缩短，导致假肢在使用时出现问题，比如，接口处逐渐开始松动了。

有一天，张健全抽空去看父母，一进门，就看见老父亲正在用白布修补他的假肢。神情专注，一丝不苟。

"又在修！爸，你这个硬是该换了。"

儿子实在有些看不下去了。

老爷子瞟了张健全一眼，觉得好笑："换什么啊？修修还能用。"

张健全拿他没办法，去跟母亲说，母亲也是笑笑："你爸那个脾气你还不知道？他要修，你就让他修！"

修来修去的假肢，差不多又多用了一年。

有个周末，儿孙们回到家中，孙女张然眼尖，看见爷爷的腿部伤残处被假肢磨出了血，还伤到了骨头，这才暴露了张富清总是说"修修还能用"的严重后果。

张建国拿起假肢一看，垫在里面的黑胶皮都变硬了，外面老人自己弄上去的白布又粗糙，走路多了，自然就磨伤了……

张建国对父亲说："不能听您的了。咱们换个新的。"

第十五章 永远的战士

张富清仍然坚持不换:"修修还能用。"

张建国说:"您要修,我们几个都认为要换,这就产生矛盾了。您是少数,我们是多数。根据您多年的基层工作经验,根据组织原则,这种矛盾怎么处理?"

张富清想了想:"好吧,少数服从多数!"

经过大家劝说,在所有儿孙的坚持下,老爷子才勉强同意更换他的假肢。

张建国和父亲一样,也有高血压病,需要常年服用降压药。

有一天,张建国来看望父母,匆忙间忘了吃降压药,又没带在身上,于是就去父亲卧室,在那张旧条桌的抽屉里翻了翻。

他知道,父亲平常吃的那些药都放在抽屉里面。

偏偏张建国的举动被父亲发现了,还硬是没有吃成。

父亲说:"你不能吃,我的药是公家报销的,其他的人不能吃我这个药。"

张建国哭笑不得:"我不是忘记带了吗?就吃一次好不好?"

"一次也不行!再说病情也不一样,我的药也不一定适合你……"

张建国故意逗他:"让我吃一次,明天我还你一盒,行不行?"

"不行!"

一盒降压药不过十几块钱,并非高档药品,自己的儿子忘记带了,张富清却不给儿子"救急";后来他为了防范家人动用他的药,还把抽屉锁起来了。

张富清是离休干部，享受国家公费医疗政策。不知从哪天起，他就定了一条家规：

他的药是公家报销的，只能他个人用。家里的人吃药自己买，决不能借他的名字买药或者吃他的药。任何时候，都不能占国家的便宜……

针对父亲这种不管大事小事都公私分明的做法，张建国说："每次去看父亲我都记得带上药，不然就没有药吃，我也是天天都要吃的。有次我过来照顾他，当时忘记带药，我就说把他的药给我吃一点，他不给。他一贯都是这样。习惯了，都习惯了。"

父亲的做法有时让儿女们觉得好笑，但笑笑之余，他们还是理解的，理解他的严于律己……

三

2018年年初的一天，刚过春节，张富清在老伴陪同下，"长途跋涉"来到建行来凤支行行长办公室。

年轻的李甘霖行长热情接待。

"其实您不用跑，太辛苦了！有事通知一声，我们到您家去！"

张富清说："你们工作忙，不跟你们添麻烦。"

行长清楚，这位老行长自从1985年离休之后，就没给单位找过麻烦。

"张老，您家有什么事尽管讲！"

第十五章 永远的战士

"我要去恩施医院做白内障手术，专门来跟领导报告一下。"老人十分认真地说。

其实，他离开工作岗位 30 多年都是这样的，个人有什么大事，都会专程向组织报告。

李甘霖行长笑了起来："哦！别担心，白内障手术现在很成熟了，没有危险。"

"我不担心，就是来报告一下。你忙，不打扰了。"

几句话说罢，张富清推着助行器就往外走。见行长要送，他连忙制止："别送了别送了，忙你的。"

几分钟之后，李甘霖还是追了出来，一直追到楼梯口："我想到一件事，告诉您一声。做白内障手术需要植入人工晶体，种类很多、价格不一。张老您是离休干部，是我们的老行长，您的医药费全额报销。您年纪大了，我建议您选好一点的晶体，利于恢复，别太在意费用。"

"谢谢啊！"

张富清非常感谢年轻行长对自己的关心。

回到家，儿女们也来了，大家一起商量送父亲去恩施做手术的事。

张富清很高兴，讲起行领导关心他，让他到了恩施医院，要选用好一点的人工晶体。

"那是当然的，肯定选最好的，一定要选最好的！"

大家不约而同地说。

儿女们特意为父亲租了一辆车。在来凤到恩施的高速公路上，老爷子兴奋得像个孩子，隧洞、桥梁、隔离带的树木花草……甚至是太阳能面板，一路上问这问那，问个不停，好好地高兴了一回。

他反复说："以前来凤到恩施走的什么路啊！从1955年到今天，我是看着这里发生变化的……"

虽然视力模糊，但张富清也能感觉到高速公路又宽又阔又漂亮，真的是从心底里高兴！

他说，国家发展又快又好，老百姓过上了有吃有穿、有汽车、有高速公路的好日子，这都是共产党领导得好！共产党好！

他说："我们家现在条件好了，大家有工作，有房子住，有吃有穿，我们要感谢党的领导！解放前，我是个小长工啊！你们都有儿女，儿女还要有儿女，没有共产党，哪有我们家的今天……"

见车上坐着几个党员，他叮嘱道："建国、健全是公务员，建荣是护士，也是吃公家饭的，要是算个账，经济账，我们家一个月要拿多少国家工资？我们又为人民作了多大贡献呢？……你们要记住，就是入党以后，一定要按照党章的要求来做事，并且一定要忠诚于党，党指向哪里，就一定要到哪里，永远不能够背离党！"

一路上张富清兴奋不已，话也多，儿女们从不打断，让老人家自由言说，想怎么说就怎么说，想说多长说多长。

两个多小时后抵达恩施。

在恩施医院住下后，张富清首先接受了一些术前例行检查。

这一天，医生到病房找张富清谈话：

"老人家，这个手术我们做了很多例了，您不用担心。"

第十五章 永远的战士

"我不担心。"他呵呵地笑起来。

"是这样的,做这个手术要用到人工晶体。它有很多档次的,我们要先征求您的意见,看看您自己决定选用哪一种。"

"嗯,有哪些价位的?"

医生已对病人和家属有所了解,迟疑了一下:"根据您的情况,我们建议您选用 7000 元到 15000 元左右的。当然,也还有更好的,如果您……"

"那就 7000 元的!"老人家想都没想就选定了。

医生有些意外,还没说出口,就又听见老人家明明白白地说:"就 7000 元的,定了!"

回到办公室,医生和同事们讲起那个残疾离休老人,竟然自觉自愿为国家节约,舍不得多花国家的钱,同事们都很敬佩。

张健全得知父亲选了 7000 元的人工晶体后,拿起电话就"批评"他:"李行长不是特意交代了么,让您选好点的,您也是!"

张富清只是笑:"7000 元的有什么不好。那也是医生推荐的。"

"医生还给您推荐了一万多的,您怎么不选呢?"

"不说了不说了。就这么定了,就用 7000 元的!"

张富清挂断张健全的电话,又对身边的张建国说:"我已经离休了,不能再为国家作什么贡献,能节约一点是一点。"

张建国一笑:"难怪您舍不得给我几颗降压药!"

四

一切准备就绪,就等着第二天手术。

在恩施医院陪护父亲的张建荣上街回来,远远看见父亲撑着助行器,一动不动站在窗前。

那个时候他没戴假肢,单腿而立,清瘦的身影却很挺拔……

张建荣忽地好感动,泪水一下子涌了出来。

我的老父亲!让儿女们为他自豪,又为他心疼,有时还拿他无可奈何的老父亲!

眼科病房在19楼,在那里可以360度环视恩施城。

父亲告诉女儿,他很喜欢这栋高楼。虽然眼睛模糊,但还是看得到许多许多风景……

年纪大了,总有些感触:"恩施变化大啊!"

张建荣故意问:"变化大在哪里?"

"1955年我和你妈到恩施的时候,老城、舞阳坝……哦,对了,恩施正在过年!人家过年,我们在旅馆住着,旅馆老板怕我们孤单,请我们跟他家一起团年……哎呀,真热情啊!恩施人好啊!把一个陌生人当作亲戚朋友……我第一次喝苞谷酒,喝醉了……"

又说起清江桥。

他说那个时候清江桥还是木桥,解放恩施时解放军和国民党军在桥头还有一场激烈的战斗……

第十五章　永远的战士

张建荣不禁连连感叹："你们是 1955 年来恩施的。到现在……那已经是 60 多年前的事情了！"

"对对对，一眨眼一个甲子就过去了。"

张富清脸上忽然闪过一丝少有的阴影："你知道爸爸这辈子，最大的遗憾是什么？"

"您说过，没能够为奶奶送终……"

"还有。"

"还有？姐姐的事？"

"还有！"

张建荣实在猜不出什么了："您告诉我，那是什么？"

"工作！"

"工作……是不是级别？哥哥弟弟们都比您级别高啊！"

张富清一愣，忽然哈哈大笑："我当爸爸的，还会嫉妒亲儿子啊？他们级别比我高，说明他们工作水平比我高！"

张建荣安慰道："那是他们赶上好机遇了！"

张富清叹息一声，慢慢悠悠地说："爸爸在来凤 30 年……心里还有个遗憾，就是没能为国家作更多的贡献啊……"

"这就是您的遗憾？"

"最大的遗憾，就是这个……遗憾自己为国家做的事少，工作时间太短，太不够！"

张富清手撑窗框，眺望着窗外一片模糊、根本看不清的风景，仿佛喃喃自语，仿佛直抒胸臆……

张建荣一时不知道该说什么。

"建议国家把退休年龄提高到 95 岁以上？"

"那倒不是……那就给国家增加更多麻烦了。"

父亲还想多看看，多看看恩施。

张建荣便陪着他来到医生办公室，颤颤巍巍站在窗前。

张富清突然说："那是五峰山，我记得。"

"哦？"

"那个是烈士陵园。何功伟和刘惠馨两位烈士的墓就在那儿。"

张建荣很是惊讶，她不知道父亲对这两个名字何以如此熟悉，就好像是他的老熟人老朋友！

在恩施长大的孩子，肯定知道何功伟、刘惠馨两位革命烈士，但在来凤长大的孩子，就不一定了。

张建荣就不是太清楚。

张富清却清清楚楚："爸爸曾到恩施党校学习过两年。每到清明，班上就会组织我们到烈士陵园扫墓。我还记得，何功伟烈士是湖北咸宁人，刘惠馨烈士是江苏人，他们的血洒在了这片土地上……"

下午，张富清的孙女张然来看望爷爷，他又问张然："然然，你知道不知道有个烈士叫何功伟？"

"何功伟？"

"还有刘惠馨……"

张然说："您一下子把我考懵了！"

张富清笑着："看来大学钢琴教师，要好好学习历史！"

第十五章　永远的战士

张然说:"爷爷,您说的何功伟和刘惠馨两位烈士,恩施人都知道。何功伟为了信仰拒绝了自己父亲的劝降,多令人感动!还有刘惠馨,她是带着孩子去坐牢的,敌人枪毙她的时候还拿她的孩子威胁她……"

张富清眼里闪出泪光:"那你讲给我听听!然然,爷爷年纪大了,记性不好……"

晚上,张建荣回忆起张富清白天一幕一幕的表现,陡然间明白了父亲的心情:93岁的人呐,他还是有一丝担心,担心手术出现意外,今后眼睛看不见了。所以他强撑身体,打起精神,硬是把这一层楼每个方位都看了一遍……

这一夜,张富清睡得很好,又香又甜。

第二天,父亲进手术室时,张建荣安慰道:"爸,您没事儿哦!爸,不用怕!"

"不怕不怕!"

老爷子笑呵呵地摆摆手。

手术十分顺利,不到半小时就出来了。

将父亲接到病房后,张建荣询问老爷子感觉如何。

张富清说:"好好好!"

休息了几天,医生给张富清摘去了蒙在眼睛上的纱布,他顿时觉得眼前一片光明!

他高兴得舞起了手,连连说:"清楚多了!清楚多了!谢谢医生同志!"

在场的人，都被这个乐观的老头感染了，病房里响起阵阵笑声。

五

第二天，儿女们就把张富清接回来凤。

临走之前，他又颤颤悠悠走到病房的每个窗户前，依次欣赏了一番恩施城景，当他清晰地看到五峰山烈士陵园那一丛丛深绿时，老人家的目光格外多停留了一会儿。

其实，烈士的遗骨早已迁往城郊的望城坡，那是烈士们英勇就义的地方。

在家里休养了几天后，张富清让老伴陪着他一起，到单位报销这次手术的医药费。

按规定，有关票证在送到财务室之前，需要李甘霖行长签字。

当时，李甘霖提起笔正要签，突然停了下来。看看老人，又看看他的老伴，不知如何是好……

"怎么了？"

孙玉兰看到领导的神色有些不对头。

李甘霖问道："张老！不是说好要用最好的晶体么？您这是……"

他真是太吃惊了！

张富清说："都一样，都一样的。"

李甘霖感动不已：不是老说勤俭建国、勤俭办行、勤俭办事业

第十五章　永远的战士

吗？这位老人，我们的老行长，就是"以行为家、勤俭持家"的榜样！

那是手术前的一天上午，病房里来了一位60多岁的农民，也是做白内障手术的。张富清和他聊天，问问现在农村的生产生活情况，出去打工的人多不多啊，对干部扶贫工作怎么看啊，聊着聊着，就聊到了眼睛，聊到了白内障手术，聊到了人工晶体。

张富清顺便问了一声：

"医生说这人工晶体价格相差大。"

农民说："那是。钱多就选贵的，钱少就选便宜的。"

"你选的是哪样的？"张富清又顺便问了一句。

老农民也不和别人比富、比贵，实事求是地说："我们屋里条件不好，选的是3000多元的。"

张富清一惊："哦？还有3000多元的？！"

"有啊，我们村好几个老人来做，都是用这个价的。"

偶然得到了"机密信息"，张富清立即去医生办公室找管床医生，坚决要求不用7000元的，而是采用农民兄弟用的这种3000多元的人工晶体！

医生一听，大吃一惊："您是老干部，可以选好一点的！"

"不管价格高低，管用就行！"

医生还想争取一下："他是自费，所以选便宜点的。您是公费，可以考虑下。"

"银行的钱是国家的，能省一点就省一点！"

医生劝说了一番没有用，他们太不了解这个瘦老头的倔脾气了，他认定了的事情，是不会改变的！

后来，孙玉兰把手术之前老伴临时"变卦"的事讲给孩子们听，他们也只能笑笑而已。

六

"虽然工作上离了休，但思想上政治上不能离休！"

多年以来，张富清一直保持着读书看报的习惯。《人民日报》《求是》《半月谈》，还有每晚的《新闻联播》，都是必不可少的内容。

离休之后，他还坚持做读书笔记，做剪报。"活到老学到老"，这句话在这样一位特殊老人身上，真是体现得具体生动、淋漓尽致。

当兵之前，张富清是没有文化的。没上过一天学，自己的名字都写不好，写信、读信都是请人代劳。

只是在部队上过两年文化速成中学补习班，他就能够识字、读报、写信了。他写给孙玉兰的第一封信，就是自己动手写的。虽然尚有错别字，但意思表达得非常清楚。

1955年转业到来凤工作后，起初有一段时间，他还是感到自己的文化水平成为顺利开展工作的"拦路虎"。

为了克服这个困难，他从来就没停止过自学。

他时刻牢记毛泽东的名言——"没有文化的军队是愚蠢的军队，而愚蠢的军队是不能战胜敌人的。"

几十年下来，那本1953年出版的《新华字典》已经破得不成样子，

第十五章　永远的战士

后来，他又买了一本1979年版的。现在，这两本字典都还放在他的书桌上。

在他的书桌上，原本是黄色封面的《习近平总书记系列重要讲话读本》，因为经常翻阅，封皮的四周早已泛白。书里醒目的红色圆点和波浪线，是老人阅读时做下的标记。

在书的第110页的一段文字旁，他写下了一段话——"要不断改造主观世界、加强党性修养、加强品格陶冶，老老实实做人，踏踏实实干事，清清白白为官，始终做到对党忠诚、个人干净、敢于担当。"

这不正是张富清——一名永远的战士、一位英雄老兵一生的生动写照吗？

第十六章

英雄出山

想起和我并肩作战的战士,有几多都不在了,我比起他们来,有什么资格拿出立功证件去显摆自己啊?

——张富清

来凤县城翔凤镇

第十六章　英雄出山

一

2019年正月初三一早,张健全在县城参加当年卯洞中学同学的一个小聚,见到了老同学张孺海——他是湖北日报传媒集团特别传媒常务副总编辑,此时回老家过年探亲。

根据年前和老同学的电话约定,张健全把年前他帮父亲进行退役军人信息登记时用过的牛皮纸袋带来了。

父亲的三枚奖章和有关证件都在里面。

张孺海仔仔细细地观察、欣赏,好一会儿才说:"东西肯定是真的。老爷子不可能造假,他不是这种人。都95岁了,也没有必要。关键是我们不了解它们的价值。他一辈子为什么一次也不拿出来?"

张健全说:"我们子女也觉得,你平常可以藏着不说,可是在一些关键时刻,比如说他挨整的时候,那时候他的工资停发,只发二十几元生活费,这点钱要养活一家六口……这个时候,我们觉得他完全可以拿出来,向组织提出要求啊!……但他没有。"

"是啊,"张孺海说,"小时候我去你们家那么多次,只知道他是公社副主任,从来没听说他在部队立过功!他从不居功自傲,自我张扬。这件事不但卯洞公社没一个人知道,连你们子女都被瞒住了,瞒了60多年!"

父亲原本是英雄

边吃边聊，张孺海对张富清老前辈的认识越来越清晰，越来越另眼相看，凭多年从事新闻工作的职业敏感，他当即作出判断：张富清，这是一个值得被高度赞扬的老英雄、无名英雄、时代英雄！

张孺海问："你拿出这些东西给我看，老爷子知道吗？"

"知道。"张健全说，"听说你想看看，他答应了，但是一再叮嘱，别给他搞坏了。"

张孺海又问："他知道我在湖北日报工作吗？"

张健全笑了："我只说你目前在省里一个公司当老总，事业有成，我爸很高兴，他说，咱们卯洞公社出来的孩子，有出息！"

年后，张孺海回到报社上班，正月初七见到楚天都市报副总编辑胡成和湖北日报高级记者张欧亚，一起商量他在来凤老家偶然得到的这个重大新闻线索。

他说，这不是一般性的好人好事，也不仅仅是一个战斗英雄隐姓埋名的传奇故事，这是一个新时代的重大典型，他身上展现了一个老兵的精神风貌，展现了一位老党员的人格力量！

几位"名记"一致认为，这是一个好题材并且是独家线索，应该立即赶赴来凤县采访，并由《湖北日报》《楚天都市报》首发，再推及中央各大媒体，相信这个典型能走向全国！

正月初九，张健全接到张孺海电话，被告知湖北日报传媒集团派记者胡成、张欧亚、刘俊华三人组成报道组，已上动车来来凤了！

张健全顿时紧张起来。

"我可以把父亲的奖章拿给记者们看看，但是采访基本不可能。

第十六章　英雄出山

父亲95岁了,有听力障碍,许多话都需要母亲'翻译';更麻烦的是,他绝对不愿意向别人讲述过去的经历,连跟子女都不讲,怎么可能给记者讲啊?"

不过他答应张孺海,一定帮记者做做父亲的"思想工作"。

正月初九当晚,张健全见到了三位记者。

他们是先坐动车到恩施,又转汽车赶到来凤,一个个风尘仆仆,但却情绪高昂。

张健全是县委政法委干部,按县里说法,也算是"正局级领导干部"了,他不能损害来凤县对外形象,叫省报记者乘兴而来、空手而归。

他带上父亲的军功章和证书给记者们看了,大致介绍了父亲在部队和来凤的工作经历。

"我们以前只晓得他享受离休待遇。他是1948年参军并入党的。"

作为儿子,目前他只能做到这么多。

至于记者们提出想见父亲一面,他不敢贸然答应。

"我去跟他说说,就说你们是张孺海的朋友吧,看他愿意不愿意。张孺海是我和姐姐小时候在卯洞的同学,很早就和父亲相熟。"

正月初十,在恩施州和来凤县委宣传部门的协助下,三位记者兵分三路:一路到退役军人事务局和县人武部,核验军功章和报功书的真伪及价值;一路到老人离休前的工作单位恩施建行,查找原始档案材料,核实老人履历;一路沿着老人在来凤县的工作轨迹,寻访熟悉他的老同事、老朋友……

傍晚，张健全在来凤建行父母的老房子里等候着，三个记者以代表张孺海前来看望老人的名义，拎着一袋水果走进家门。

当晚，三位记者连夜加班，怀着激动的心情写就《从不提当年勇，直到退役军人信息采集时才发现——95岁老人是功勋卓著的战斗英雄》和《在战火中出生入死，泛黄的立功登记表记录他曾攻下敌人4座碉堡——战斗英雄深藏功名六十四载》两篇报道。

正月十一（公历2月15日），《湖北日报》和《楚天都市报》同时刊发两篇报道，张富清这个名字第一次走出鄂西大山……

二

2月15日早晨，张健全一上班，电话就开始响个不停，都是来凤、恩施和武汉的熟人朋友打来的。

退休的大哥张建国也在家里接到电话，退休的姐姐张建荣也接到电话，女儿张然也在恩施接到电话……

张家子孙一下子接到三四十个电话！

报喜、问候，表达对老人隐藏功名60余载的惊讶和敬仰之情！

很多人要上门慰问，甚至说放下电话就去，但都被他们一一婉拒了。

三个记者的报道，经湖北日报全媒体的全力传播，在互联网瞬间"爆燃"，一片沸腾。人民网、新华网、央视客户端、中国军网、

第十六章　英雄出山

腾讯网、新浪网、凤凰网等著名网站，均在显著页面推送张富清的英雄事迹，多个公众号纷纷转载，多个平台的阅读量迅速达到10万余次，大量网友跟帖评论点赞。

网友"A^龍兴涂镀"发帖评论说："致敬，除了感动外更多的是感恩，没有张老们的付出，就没有我们现在的生活！"

网友"天地长安"则表示："向老英雄致敬！劳苦而功高，却隐荣而清誉。风骨气节高山仰止。"

网友"闲云"认为："这才是真正的英雄模范！功高不傲，低调做事！"

在当下杂音缤纷的网络上，张富清的事迹却得到了难得的没有异议的一致赞扬。

网友们纷纷真情表白："看哭了！"

"这就是英雄！"

"真侠客！"

"我们要继承张富清老同志的意志和品格，英雄不老，信仰永存！"

…………

可是张健全没想到，父亲看到报道后却非常生气：

"说了不把那些事情讲出去的，怎么还登报了？还登到省委机关报了？"

他觉得儿子欺骗了他。

他还气鼓鼓地说："下回张孺海回来凤，我要当面批评他！"

父亲原本是英雄

张健全的女儿张然在湖北民族大学工作,看到微信报道后写了这样一段"跟帖":

"小时候只听说爷爷是一名退役军人,今天我才了解到他的过往功绩,实属惭愧!爷爷一辈子兢兢业业、勤勤恳恳,至今还每天读报,每晚7点必看《新闻联播》,关心国家大事。他经常教导我们要珍惜现在的好日子,不要忘本,要勤俭节约,要努力学习……爷爷刚过完他95岁生日。家有一老,如有一宝,愿爷爷奶奶身体健康,这比什么都重要!"

张健全把女儿的"跟帖"读给爷爷奶奶听,老爷子开始还以为这是孙女私下写的心得体会,别人是看不见的,非常高兴,觉得孙女长大了、懂事了;可他马上明白这段话发在微信上,事实上已经公开,许多人都看得见,于是"转喜为怒",当即给张然打了一个电话……

"今后你写心得体会,给爷爷奶奶看一看就可以了,怎么能到社会上去张扬呢?我是你爷爷不错,但是你不要靠我沾光,我也帮不了你什么忙,一切都要靠自己奋斗!我帮不了你爸爸他们,更帮不了你……"

张然听奶奶转述爷爷的批评,哭笑不得:"爷爷,我什么时候沾您的什么光啦?"

"你是孙女,你表扬爷爷就不对!"

"我表达一下心情总可以吧?"

"那也不要在外边说,应该回家再说!"

第十六章 英雄出山

祖孙两个在电话里你一言我一语,忙坏了充当"翻译"的奶奶,张健全只好出面"调解"了。

他接过手机,故意大声对女儿说:"爷爷一辈子低调做人,没想到当了新闻人物,他批评我,说我害了他,比批评你还厉害!爷爷奶奶年纪大了,关心你才批评你,你要理解啊!"

父亲在一旁努力倾听,笑着点头,说:"知道错了就好,今后你莫把记者带来了。"

三

2月21日,早上9点,中央电视台湖北记者站三位记者来了。

这可怎么办?

自从15日《湖北日报》公开报道后,几天来陆续有省、州和县新闻单位派来记者。县委宣传部打电话给张健全,张健全也没办法,宣传部领导只好亲自上门解释、做劝说工作,也没有效果——老爷子说,他一个95岁的老头子,不想出名,什么人也不愿再见了。

直到央视记者到达来凤的前一天,张健全和宣传部领导一起,好说歹说,千劝万劝,才算基本做通工作:

"无论如何要把您的英雄事迹讲出来,让大家受教育,这也是县委交给您的政治任务!您不是一个人在接受采访,是代表全县党员、复员军人和广大基层干部在接受采访!讲讲您的经历,特别是战斗经历、工作经历,这就是您老人家对党、对国家所作的新贡献!"

父亲原本是英雄

于是，张富清才同意接受央视采访。他每天必看《新闻联播》，从片头看到节目结束后的《天气预报》，估计这也是他乐意见一见央视记者的一个重要原因。

事后，24岁的央视记者龚琬茹写了一篇"采访手记"，详细记录了他们的来凤之行——

……我清楚地记得，一行人是2月20日抵达恩施的，那一天都在做采访准备和信息采集，没有打扰老人。2月21日9点，我第一次见到张富清老人，他和老伴围坐在炉火前，头戴一顶黑色翻毛帽，截肢的腿盖在保暖布内，见我们一行人进屋，笑得很灿烂，频频点头。他和寻常老人看起来并无二致，只是精神更加矍铄，不似95岁高龄。

刚开始采访时，我还有些拘谨，加上老人的听力下降严重，需要老伴孙玉兰转述，我就用西南方言（龚琬茹是贵州人——引者）和二老拉起了家常，"爷爷""奶奶"这个称呼从那天起就伴随着我和他们一家人一直到了现在。

带着敬仰，我想让二老完整展示一下证书和奖章，二老一开始都略显含蓄，因为爷爷之前从来不和别人提起往事，也不会主动拿出来"炫耀"。这一次，他小心翼翼地打开了叠放在泛黄信笺纸里的奖章，我看到他眼里闪动的光，有九死一生的回忆，更有对逝去战友的缅怀。

采访增进着信任，到了21日下午，我和爷爷的交流越来

第十六章　英雄出山

越自然顺畅了，爷爷的精神状态也很好，他在里屋给我看他平时学习的报纸和书籍，看他的老照片，从抽屉里拿出老物件，回忆在西北野战军部队的时光……

爷爷的学习从未间断过，在他的书桌上，堆放着他平时自己制作的剪报，奶奶打趣地告诉我，爷爷曾经对她说："人不学习，脑袋要生锈。"

二老还时常看电视关注新闻，脱贫攻坚、生态保护、反腐倡廉，都是他们常常关注的时事。

爷爷的笑容很慈祥，也很从容。他总是笑，一直笑。他摘下帽子给我们看头上的伤疤时，脸上还是带着笑容，若有所思地用手摸了摸逐渐淡去的伤痕。

但是，只要谈及战友，爷爷便会眼眶湿润。谈到战场上的种种，他始终离不开"信念"二字，他说："有了信念就有了意识，有了意识就有了勇气。""有了信念，在战场上没有畏惧，一心就想为党为人民作战。"

转业后，二老来到了恩施，不再是军人的爷爷却始终不改军人本色，主动承担困难艰苦的工作，没有一句怨言。

第二天上午，当我们第二次来到爷爷奶奶家的时候，爷爷已经煮好了清汤面。我们都没有料到截肢后的老人会亲自下厨做早餐。虽然已经吃过早饭，但我还是又陪二老吃了一碗面条。

那天上午，我从奶奶口中得知了很多爷爷的事情。谈到截肢和重新站立，爷爷只有轻描淡写的几句话，但是奶奶把我带

  进卧室里倾诉了很多,包括老人的练习、跌倒、流血……

  下午,我去采访了爷爷的老同事、当地退役军人信息登记处的工作人员。后来的几天,在陕西记者站的协助下,我们又搜集了来自陕西永丰革命烈士陵园的历史影像资料,尽力还原那段硝烟里的岁月。

  采访结束后,爷爷奶奶给我们每个人手里都递了一根棒棒糖和两个橙子。临走时,在家门口,我知道自己和爷爷奶奶相处的时间不多了,眼泪就在眼眶里打转,但还是在爷爷面前忍住了……

张健全说,父亲离休之后,就有记笔记的习惯。一是怕年老忘事,有些重要的事情需要笔记提醒;二是记录他的日常生活、见闻与感动,以便今后重温感怀;三是偶尔回忆往事、安排家事……

2019年2月22日,张富清写下了一段笔记,题名为《忘不了三级电视台的采集》——

  中央电视台、州委电视台、来凤电视台,同时到家采集两天。央视记者龚老师……采访中拉着我的手,一口一个爷爷,胜如亲孙女!亲亲热热地认真工作,我十分尊敬。我们的国家后继有人!

  央视记者龚琬茹老师,是采集出面的女记者。还有孙立维记者等二人……

第十六章 英雄出山

3月2日,中央电视台在新闻频道《24小时》播出《张富清:深藏功与名——置生死于度外 攻碉堡立奇功》的专题片,第一次以视频形象展现出老英雄张富清事迹的核心事实。

央视报道片长13分钟,播出后立刻引起社会各界广泛关注,其微博浏览量当日突破1500万。

4月8日,央视《新闻联播》再以《张富清:95岁战斗英雄 深藏功名60载》为题,继续讲述95岁老党员张富清的传奇故事。播报时长2分47秒,并配发了《最是本色感人心》的短评。

四

3月29日至4月3日,由新华社、人民日报、光明日报、中国日报、中新社、中国军网等多家央媒组成采访团,赴来凤县深入采访九旬战斗英雄张富清同志的先进事迹。

4月8日,新华社"新华全媒头条"分别播发文字通讯《英雄无言——95岁老党员张富清的本色人生》、短视频报道《深藏功名60余年,聆听一位英雄的故事》,生动再现了张富清九死一生立下赫赫战功,却深藏功名60余年默默奉献的共产党员本色人生。

两篇报道播发后,新华客户端浏览量迅速超过100万。

4月9日,《人民日报》以《95岁老英雄张富清克己奉公永葆党员本色——深藏战功63年》为题,对张富清的事迹作了长篇报道,并配发"人民日报短评"——《71年党龄,见证"绝对忠诚"》。

短评说，在张富清老人眼里，在战场上，共产党员应做到"党指到哪儿，就打到哪儿"，敢于冲锋在前、敢于牺牲生命，那才是对党"绝对忠诚"；在祖国建设时期，共产党员应做到"党让我去哪儿就去哪儿，哪里最艰苦就去哪儿"，不讲条件、不计得失，那才是对党"绝对忠诚"。

短评赞扬道：他是这样说的，也是这样做的。更难能可贵的是，他认为，做这些，只是共产党员的本分，根本不值得夸耀和"显摆"。军功章，他压进了箱底，就连对至亲好友都不曾提及；干工作，遇到困难和委屈，想想牺牲的老战友，他什么都释然了……

接下来几天，多家中央媒体推出重磅特稿：《解放军报》刊发《95岁战斗英雄张富清：那张"报功书"，他"藏"了63年》，并转载了新华社报道；《光明日报》在头版以《战斗英雄张富清：心之所向 九死不悔》为题进行报道；中国新闻网以《"战斗英雄"张富清：深藏功名64载 不忘初心葆本色》为题进行报道……

张富清，一个大山深处的普通基层干部，自此英雄出山，感动中国；一个平凡的名字，一个老兵，一个老共产党员，从此家喻户晓，享誉全国！

在来凤，由于电视、报纸、网络媒体、各知名公众号，以及人手一部手机的刷屏传播，张富清老人顿时成为当时知名度最高的"网红"，他所居住的建行老宿舍楼，也成为万众瞩目的地方！

不少人感到震惊："只知道他当过兵，没想到他是那么大的英雄！"

第十六章　英雄出山

有人有点疑惑："他老伴没有工作，大女儿又残疾，也没见他提什么要求。"

有人多少感到惋惜："那么大的战功，如果当初留在武汉发展，早就成了高级干部！"

73岁的杨胜友，是来凤县一名基层退休干部，曾在上世纪70年代与张富清一起在卯洞公社工作，共事了四年时间。

他说："今年3月2日晚上，我和往常一样在百福司镇（原卯洞公社）的家中看电视，中央电视台新闻中突然出现了《张富清：深藏功与名》的报道。张富清，一个特别熟悉的名字，我顿时瞪大了眼睛，立马走到电视机跟前，身旁的老伴也起身上前。我确信电视里面的张富清就是我以前的老领导，95岁了，还那么精神，一脸的笑容。接下来，我和老伴瞬间懵住了！电视里讲，张富清在解放战争中立下了那么大那么多的战功，我们真的不敢相信，因为我们从来没有听说过。在我们的全部印象中，张老就是一个普通的退伍军人，是一个时刻把部队的优良作风带到地方来的好干部。哪知道，他竟然是一个人民的大功臣呢？那几年在他手下工作，还多次到他家吃饭……"

张健全的女儿张然，大学教师，一个漂亮瘦小的女孩。作为爷爷最宠爱的孙女，她通过媒体和网络详细了解爷爷的英雄故事后，感到非常惊讶：

"从小到大，都觉得我爷爷跟别人的爷爷没什么两样啊，慈祥和善，朴实无华，顶可爱一个小老头儿，从来没听他说打过什么仗、立过什么功啊！"

和同事们说起对爷爷的印象，她倒是话多了起来：

"爷爷生活简朴，他习惯了这样的生活，也非常满足现在的生活。家里还是住的旧房子，老式水磨地坪，很多家具还是上世纪六七十年代的，但是爷爷一直在用。家里的餐桌是用捡来的五夹板做的桌面，拖把是爷爷用碎布条做成的，就连阳台上的小花盆，都是爷爷用一个个小药瓶子拼成的。60多年前，全国人民慰问解放军代表团发给他一个搪瓷缸子，一直用到如今，补了又补，还是舍不得扔。很多时候，爸爸也看不过去。爷爷的内衣由于穿了多年，袖口失去弹性、领口破出一溜小洞，锯齿一样露着，可他照穿不换……

"爸爸觉得很难为情，作为儿子有点尴尬，他和大伯伯都是当地的干部，可家里老人穿成这样，免不了发几句牢骚。不是离休干部吗？又不是缺这点钱！伯伯婶婶姑姑姑爹都感到没面子，一次次把新衣服买了送去，这时爷爷总会笑着说：'你们给我买的，我都放在箱子里没穿，旧的穿着软和，对皮肤好！'爸爸只好无可奈何地笑一笑……"

张然继续说："哦，还有，我爷爷从参加工作到现在，没有和奶奶外出旅游过一次。一次都没有！就连到恩施，也是因为看病住院。

"有时候，我们问起爷爷的想法，问他是不是应该出去转一转，看一看祖国的大好河山啊？

"爷爷会说，还想去趟北京，再看看天安门！还有点害羞的样

第十六章 英雄出山

子。

"当时我在心里暗暗地下决心,只要爷爷身体健康允许,我一定帮爷爷实现这个愿望!他节约,我赞助高铁车票嘛!

"可是现在看到爷爷的故事,我才多少懂得他一点,深深体会到,他想去北京,看天安门,并不是单纯旅游啊,而是他作为一个为共和国流过血的老战士,一个老党员,一辈子热爱新中国,热爱共产党,至死不渝的对党、对伟大祖国的一片深情啊!"

说到这里,张然眼圈发热、喉咙哽咽了。

第十七章

部队来人

部队来人了,
老兵心中掀起波澜,
面对着军人军装上的军徽,
老兵用一条独腿
坚强地站立,
缓缓举起僵硬的右手,
庄严地行上军礼!

——张健全

来凤县城凤翔大道建行老宿舍

第十七章　部队来人

一

2019年3月2日这天清早，张健全没吃早点就去了凤翔大道的父母家。

今天有点特殊：有贵客将从4000公里之外的新疆阿克苏来到来凤，看望老父亲张富清。

什么贵客？

昨天县人武部的同志通知张健全：老部队来人了！老人原部队是三五九旅七一八团，经过几十年辗转变迁，现在是新疆军区某红军团，这个团派人来探望老兵张富清，并希望老人回老部队看看。

张健全自掏钥匙打开大门，发现客厅里没人，父母正在旁边卧室里有说有笑。进去一看，不禁大吃一惊！

此刻，眼前的父亲早已脱掉日常布衣，换上一身戎装，仿佛一下子穿越了几十年风云岁月，回到了当年当兵的年代！

熟悉的老父亲，换上军装后简直判若两人！

"第一次看到您穿军装的样子啊！"

张健全有点惊讶。

"什么样子？"

父亲笑呵呵地问。

母亲说："什么样子？当兵的样子！"

这套"解放黄"老军装，还是县人武部领导看到2月15日《湖北日报》对来凤老兵张富清的报道后，派人上门，专为他量身定制的。

"听说老部队的同志今天要来，"母亲说，"你爸兴奋得一晚上都没怎么睡好，起床后也不出门，一直就在摸摸索索的，试穿他的宝贝军装……"

上午9点钟，两名年轻军人出现在张家门口。

那个时候，两位老人正坐在客厅火炉子旁边，一边烤火一边闲聊。

大门打开，张健全贴近父亲的耳边说："部队的同志来看您了！"

刚说完，父亲的举动便使当时所有在场的人都震惊了！

只见他左手扶着火炉上面的桌子，一下子从沙发上站了起来，单腿独立站在那里，大约十几秒钟一动不动，然后用力举起右手，向来客敬了一个标准的、庄重的军礼！

坐在一旁的母亲生怕他摔倒，也跟着站了起来，迅速扶住他……

两名年轻军人大步上前，举手回礼，眼睛已经湿润了……

坐下后，两名军人介绍说，他们来自老英雄张富清的老部队——新疆军区某红军团。

前几天，团政委王英涛在网上看到张富清老人的感人事迹后，十分激动，立即指派他俩就近赶往来凤县，表达老部队对老英雄的崇高敬意。

第十七章　部队来人

他俩是湖北人,一个是团组织股长陈辑舟,一个是修理连战士吕长明,这段时间正好在各自的家乡宜昌、咸宁休假。

陈辑舟介绍说,老英雄当年所在部队,是原西北野战军著名的三五九旅,也就是传唱大江南北的《南泥湾》歌中所唱的"又战斗来又生产"的模范部队三五九旅。

战士吕长明补充道:"三五九旅,生在井冈山,长在南泥湾,转战数万里,屯垦在天山!"

陈辑舟自豪地说:"老英雄所在的七一八团,就是我们红军团。从 1949 年跟随王震将军挺进新疆,1953 年精简整编后,我们团就一直驻守在阿克苏市。"

他说:"1948 年宜瓦战役后,七一八团被原西北野战军第二纵队授予'猛打、猛冲、猛追'荣誉称号。因此我们团也称'三猛团'。"

经过一番介绍,父亲表现出了从未有过的兴奋:"我今天见到你们很高兴,见到你们,就想到了我们三五九旅的老战友啊!"

他拉着两个军人的手,一握再握,久久不愿松开。

随后,陈辑舟代表全团官兵宣读了给老英雄写的慰问信。

他念一句,母亲就凑到父亲的耳边"翻译"一句。

然而,当陈辑舟念到"三五九旅""王震将军"这两个词时,父亲无须"翻译"就听清了,先是兴奋地拍手,后又激动地落泪。

当父亲听到老部队邀请他任何时候都可以回"娘家"看看时,他突然泪流满面,两个军人一怔,眼里闪出泪光,随即立正站好,举手敬礼向老英雄致以崇高的敬意!

父亲原本是英雄

　　父亲也要还礼，他激动得挣扎起来，双手拼命撑着扶手，浑身都在使劲，再一次用一条腿站了起来，再次举起右手敬礼！
　　那一刻，在场的人都默默流下了泪水。
　　张健全更是热泪盈眶……
　　当晚，张健全激情难抑，久久不能入眠，先是给部队来的同志发了一条短信——
　　"你们的到来，是64年来第一次军队来人，父亲的激动无以言表，给你们庄重地行礼，让我不禁也热泪盈眶……父亲说'娘家'来人了，我充满感激之情，谢谢部队，愿我们的部队不断发展壮大！"
　　接着，他拿出纸笔，用多年已没有写过诗的笔，写下了诗歌《老兵的军礼》——

　　　　部队来人了，
　　　　老兵心中掀起波澜，
　　　　面对着军人军装上的军徽，
　　　　老兵用一条独腿
　　　　坚强地站立，
　　　　缓缓举起僵硬的右手，
　　　　庄严地行上军礼！

　　　　老兵神色凝重，
　　　　眼里饱含泪水：

第十七章　部队来人

军队，我的家！
战友，我的亲人！
…………
请接受一个老兵
对军徽的敬礼！
这是一个离开军队64年的老兵
对你的崇高敬意……

东马村的枪声，
壶梯山的拼杀，
永丰城墙上飘扬的军旗……
冒着敌人的炮火，
突击队员奋勇前进！
硝烟中铸就忠诚，
烈火中书写军魂，
九死一生犹未悔，
只因那坚定的信念和军人的勇气，
只因心里
飘荡着血染的军旗！

二

老部队的代表刚刚回到新疆,张健全就接到红军团的电话,一些新入伍的90后、00后新兵,强烈要求和老英雄来一场视频通话。

张健全起初有点犹豫:"老人家都95岁了,耳朵不好,眼睛也不大行,手机屏幕那么一点点,恐怕交流起来不大方便吧?"

一个名叫刘明鹏的二连四班班长在电话里恳求道:"叔叔,您父亲他老人家过去是四班班长,如今我也是四班班长,算是他的隔代传人吧?您和老班长说说,看他同意不?"

"好吧,刘班长,我一定转达到。"

放下电话,刚刚说明是如今的四班班长要求和老班长视频通话,父亲就毫不犹豫地答应了。

父亲笑着说:"他们都是孙子辈的,这么一点小要求,爷爷能不答应吗?"

于是,一场"穿越时空"的对话准时开通——一头是95岁的老兵张富清,另一头是驻新疆阿克苏某红军团90后官兵,把他们连在一起的,则是那个永不磨灭的光荣番号——原西北野战军三五九旅七一八团。

"老班长您好,我是二连四班班长刘明鹏。我代表全连官兵向您致敬!"

一句亲切的问候,一个标准的军礼,已让父亲热泪盈眶。

第十七章 部队来人

张健全把手机摄像头对准父亲——只见他缓缓举起右手,向老部队的年轻战友庄严地敬了一个军礼:"看到你们,心里特别高兴!"

刘明鹏说:"您在永丰战役时,担任原三五九旅七一八团二营六连四班班长,我代表我们90后官兵向老班长致敬!"

父亲说:"我是1948年3月参加西北野战军的,8月入的党。部队培养了我,教育了我,使我成长为一名革命军人,我为有幸成为当年三五九旅七一八团的战士感到骄傲和自豪!"

一见到老部队战友,父亲便像失散多年的地下党员重新找到组织一样,也同上次见到陈辑舟一样,开始向部队汇报自己的思想和工作情况:

"1955年,我转业到湖北来凤县工作。64年来,我始终牢记'我永远是三五九旅的一个兵',始终没有忘记部队的优良传统,始终保持着当年突击队员的本色,努力为党工作,从未给老部队丢脸……"

视频那头的战友们听到这里,不禁发出阵阵惊呼声、赞扬声……

"老班长,请允许我带您参观一下咱连的荣誉室。"刘明鹏说着,把镜头移向墙上的一块块展板,"我连前身可追溯到1927年秋收起义时湘赣边的茶陵赤卫队。先后经历了苏区反'围剿'、长征、华北敌后抗战、南泥湾大生产、南下北返、中原突围、延安保卫战、解放大西北等光荣历程,参加大小战斗200余次,屡建功勋……"

在张健全的"翻译"下,95岁的老兵竟像一名新兵一样,认真地听着连史介绍,并不时为连队的辉煌历程和卓越功勋竖起大拇指。

刘明鹏介绍说，1944年10月，毛主席决定以三五九旅为主力，组成"南下支队"，连队也跟随南下抗日，日军投降后北返中原，于1946年9月27日胜利回到延安，历时659天，转战陕、晋、豫、鄂、湘、赣等8个省，行程两万多里，被毛主席誉为"第二次长征"。

听到这里，父亲高兴地说："我刚入伍时，也接受部队传统教育。记得王震将军出发时下的决心——不回延安不刮胡子。等回到延安时，他的胡子长了一尺多长，'王大胡子'的美名从此传开……后来，我们又进军新疆，完成了'第三次长征'……"

谈起老部队的历史，父亲如数家珍，脸上写满骄傲和自豪，4000公里外的官兵们也听得津津有味。

四班副班长杜毅说："毛主席称赞三五九旅是模范，我们理解，三五九旅不仅是南泥湾大生产的模范，更是听党的话、跟党走的模范。南下北返、进军新疆就是我们三五九旅官兵铁心向党的最好诠释！"

父亲立即竖起大拇指连连称赞说："你们有如此深刻的认识和理解，我感到十分高兴。'党叫干啥就干啥'，这就是我们三五九旅的光荣传统，精神内核！"

刘明鹏继续介绍说："老班长您看，这张照片就是您参加过的壶梯山战斗。您和战友们发扬'猛打、猛冲、猛追'的战斗精神，连续炸掉敌人多个碉堡，为团主攻部队扫清了障碍。战后，我连被三五九旅评为'攻如猛虎、守如泰山'英雄连，并被授予'英勇善战模范连'荣誉称号。"

第十七章　部队来人

提到壶梯山战斗，父亲顿时来了精神，仿佛再次回到那硝烟弥漫的战场："我们开始打得比较顺利，即将取得胜利时，隐蔽的敌暗堡突然开始射击，看到许多战友倒在敌人暗堡前，我主动要求去炸掉它……"

"听说您那时身体十分单薄，打起仗来却十分勇敢。后来在永丰战役中又主动申请担任突击队员，炸掉敌人两个碉堡……您当时害怕吗？"

四班新兵吕长帅怯生生地问道。

老班长张富清一脸微笑，凝视着面前的手机屏幕，平静地回答道：

"打胜仗靠的是坚定的信念、坚强的意志和不怕死的勇气。你怕死，不见得不死，畏畏缩缩不敢战斗，往往可能被敌人打死；你不怕死，勇猛顽强地打，说不定还真死不了。我当时虽然很瘦小，但为了党和人民，我打仗不怕死，就是牺牲了也光荣！"

40分钟的通话临近结束，二连官兵一致向老班长表示：

"老班长就是我们学习的楷模！我们要像您那样，坚决做到党指到哪里就打到哪里，即使是舍身炸碉堡也义无反顾！"

"忠诚不忠诚，关键看行动。"95岁的老班长动情地说，"作为三五九旅的传人，我们要永远做听党的话、跟党走的模范，党指到哪里，我们就要坚决打到哪里！"

三

"老张,你认识不认识我呀?我们是一个团的,我是原西北野战军三五九旅七一八团三营七连的刘聪普啊。"

手机屏幕上出现一个老人,陌生却又似曾相识的老人。

他叫刘聪普,90岁……

2019年5月27日,张健全把自己的手机竖在父亲的写字台上,父亲满怀激动和期待,应约和新疆阿克苏市一位老战友视频通话。

父亲从一开始就情绪激动,不像普通的"讲话",倒像"喊话":"我看到你啦!我是1948年3月参加三五九旅七一八团二营六连的。"

刘聪普同样是"喊话",在手机那头大声喊:"知道了你的英雄事迹,才知道你是二营六连的,我是三营七连的……我要向你学习!"

父亲努力把耳朵凑近手机,朗声回答:"你身体好吗?我们都是七一八团的!"

刘聪普说:"是的,我们都是三五九旅的!你比我大五岁,1948年我是19岁,在三营七连当文书,永丰战役时,我负责将实时战况传回总部……"

他陷入当年冲锋陷阵的回忆:"那个时候,军队装备差,没有重武器,敌人在城楼上,战士们顺着云梯往上爬,敌人在城楼上用机枪扫射,战士们一个接一个地倒下了……战役持续了两天两夜,

第十七章 部队来人

都没能攻下城楼，随后改为挖地道，在城楼底下放置炸药包点燃，随着一声巨响，冲锋号响起，战士们高喊着冲进去，最终取得了胜利……"

他越说越激动："当时，我在城墙西北角，你在城墙东南角，你受了重伤，还立了军一等功，我特别佩服你！"

两个老人都有点耳背，都需要子女"翻译"……

因此，他们"喊话"的声音都达到极限，都让对方手机强烈震动起来。

来凤这一边，张健全感觉他的手机就要从父亲的桌子上蹦跳起来；新疆那边，刘聪普的女儿刘江爱拿着手机给父亲听，看上去就要抓不住了，即将脱手而去，飞向4000公里之外的湖北来凤……

两个老人通话之前，刘江爱已和张健全通话，介绍了她父亲刘聪普的经历、个性，也谈到阿克苏某团政委王英涛和阿克苏市退役军人事务局是如何历经周折、克服困难，好不容易才找到她父亲刘聪普的。

新疆阿克苏市是三五九旅最后落脚扎根的地方，这里至今还生活着一些原三五九旅的老兵。

2019年3月，当张富清成为阿克苏市有口皆碑的"网红"时，就有人提出："张富清离开老部队64年了，能不能找到张富清的老战友，让他们相见，慰藉老人思念战友之情？"

恰巧阿克苏市退役军人事务局正在和兵团武警某部队联合开展"寻找最美老兵"活动，已经找到67位新中国成立前参军的老军人，其中，89岁的杨燕安是原三五九旅七一八团二营的一名炮兵，87岁的白玉伦是原三五九旅七一八团一营机炮连的一名战士……但要确定哪些人可能是和张富清一起作战过的战友，还面临重重困难。

但是功夫不负有心人！他们不但翻阅了所有采集到的老军人信息，还赶往阿拉尔市三五九旅屯垦纪念馆查资料，并且邀请兵团武警某支队官兵一一进行信息比对，最终确定刘聪普和张富清都是三五九旅七一八团的老兵，他们都参加了1948年11月的永丰战役。

信息找到了，怎么找到人，这又成了难题。因为退役军人信息采集时，有时登记的门牌号与本人的具体住址并不一致，刘聪普就是这种情况。按照门牌号没有找到刘聪普，于是他们发动3个街道5个社区20余个小区，请求大家一起寻找。经过多方打听，才在某师物资局家属院内，在一栋建于上世纪90年代的老楼里找到了刘聪普家。

令人吃惊的是，刘聪普家的家具陈设、家居风格，都与张富清家如出一辙、大同小异！

刘江爱说，刘聪普是1955年在阿克苏市集体就地转业的，留在新疆军区某师。他没回山西老家，而是让家乡的妻子带着两岁的大儿子来阿克苏安家了。

在兵团扎下根的刘聪普，先后在部队任排长、连长、营长、后勤处处长、政治处主任、副团长、副政委。1983年初，刘聪普任某师物资处处长，直至1987年离休……

他离休后，30多年就和老伴住在这栋老房子里。老旧的木门上

第十七章 部队来人

钉着"光荣之家"的牌匾，屋内陈设虽然老旧却很干净，一些木质家具外漆剥落，玻璃茶几上的搪瓷茶缸（印有"人民公社好"几个红字）几十年一直在用，磨烂的黑色皮革沙发铺着坐垫……

刘聪普就是坐在这组老旧沙发上与老战友视频对话的。

这次视频通话，最终还是被张健全和刘江爱"强行终止"了，否则两个老人会一直聊下去，不知疲劳鼓足力气"喊"下去……

最后，张富清对没有见过面的老战友说："老战友啊，我们一定要好好活着，见证祖国人民的好生活……"

他举起手敬了一个军礼。

"再见！改日我来看望你！"

刘聪普也举手还礼。

而且说到做到，6月12日，90岁的刘聪普就跨越4000公里漫漫长路抵达来凤，探望老战友来了。

第十八章

坚守初心

老英雄张富清60多年深藏功名,一辈子坚守初心、不改本色,事迹感人。

——习近平

来凤县城翔凤镇

第十八章　坚守初心

一

2019年4月21日，中共中央总书记、国家主席、中央军委主席习近平对张富清同志先进事迹作出重要指示强调——

> 老英雄张富清60多年深藏功名，一辈子坚守初心、不改本色，事迹感人。在部队，他保家卫国；到地方，他为民造福。他用自己的朴实纯粹、淡泊名利书写了精彩人生，是广大部队官兵和退役军人学习的榜样。要积极弘扬奉献精神，凝聚起万众一心奋斗新时代的强大力量。

二

自从2019年年初湖北日报和中央电视台等多家媒体报道了父亲张富清的事迹之后，张健全就成为父亲的"发言人"、接待各方来宾的"家庭接待办主任"，也成了张家四个兄弟姐妹中最忙碌、最辛苦的一个。

虽说他已从县委政法委常务副书记的岗位上"改非"，主要工作是担任县委巡察办巡察组组长，可他这一阵几乎都无法正常工作了，24小时电话开通，每天都有几人甚至几十人找他……

"您是张健全同志？是张富清老英雄的小儿子？"

"是的，"张健全热情地说，"我是我父亲的小儿子。"

"冒昧地问一句，能不能和您见个面？我们想请您带我们去见见您父亲！就现在行吗？"

张健全诚恳又抱有歉意地说："现在恐怕有点问题。我在陪同其他记者，不能请假。您看这样行不行？您先去县委宣传部，或者州委宣传部，他们会有详细安排的。"

"好的。如果他们不好安排，那就回头再找您吧！"

对方挂了电话，但是，可能几分钟之后又打来了……

除了从中央到地方的各路媒体记者，张健全还要协助父亲接受各级各界领导的专程慰问，做好父亲的"翻译"，认真回应和感谢领导们真诚的关怀……

2019年6月12日凌晨，在来凤县中心医院一张窄窄的病床上，95岁的张富清动了动身子，轻声叫了一声小儿子的名字。"健全……几点啦？"

张健全早已醒来，此刻躺在旁边的陪护床上看手机——手机的"便签"上密密麻麻记录着父亲的日程安排。

这几天父亲因颈椎疼痛到医院疗养，白天母亲和哥哥姐姐都来轮换着陪护照顾，晚上就留张健全一个人陪床过夜。

"早着呢！您多睡会儿吧！"

父亲坐起来，认真地说："为了我，一个普通党员、一个退役

第十八章 坚守初心

老兵的事情,总书记亲自作指示,各级领导千里迢迢来看望我,中央电视台还到来凤录制专场节目,实在担当不起呀!"

张健全心想:现在刚刚天亮,没必要这么早就起床做准备吧?不过他了解父亲的脾气,他决定的事情你是不能打折扣的,包括说起床就起床。

他一边穿衣,一边说:"领导忙,百忙中还到我们来凤来,我是个退休的闲人,没什么工作需要我操心,应该我等候他们,不能让领导等候我啊!"

吃早餐的时候又说:"领导是从北京专程赶到来凤来为我颁奖的,虽然我没做什么,但我要有个良好的精神状态向党汇报,要让领导放心!不然就辜负党中央和总书记对我的关怀了!"

三

2019年6月初,居住在新疆阿克苏市的90岁老兵刘聪普,接到中央电视台《时代楷模发布厅》导演组打来的电话,邀请他前往湖北省来凤县,参加中宣部授予张富清同志"时代楷模"称号的现场发布仪式。

接到电话当天,他就在居住小区的老旧楼房里召开了一个"特别家庭会",把四个子女四个小家庭老少四代人都召集来了。

他有三子一女,其中两个儿子和女婿都是军人出身,而他们生活的阿克苏市又是军人一砖一瓦建立的城市,因此,全家人对党、对部队有着特殊情感，干什么都带点部队风格。

他每年过年期间都要主持召开家庭会议。部队上怎么开班会，党小组怎么开会，他们家就怎么开会。每一个家庭成员，都要向大家汇报一年来的工作学习成绩、不足之处，新的一年怎么办，有什么计划什么打算……最后他作总结，表扬批评都不含糊，压岁钱就是奖金。

这次临时召开的特殊会议，只有一个议题：谁陪他去来凤县，给老英雄张富清捎点什么新疆土特产。

至于他去不去，一个90岁的老人能不能经受4000公里的长途奔波……这些问题是不容讨论的。

儿孙们一到家，刘聪普就说："张富清比我大五岁，他的腿脚不好，我应该主动过去看他。"

意思是说：你们就不要说什么我20年未坐过飞机、30年没回过山西吕梁老家了。

也不必说我年岁大了，出门太麻烦，身体也招架不住之类的话。因为这一次不一样，这次我是出门见英雄，为了见到71年前的老战友张富清！

子女们合计再三，父亲万里迢迢赴约——不久前两位老人的"视频之约"，应该给张富清一家带点什么样的见面礼？

"当年，我们三五九旅的战士一起走到新疆，他应该也想念新疆，带点新疆土特产再好不过了。"刘聪普说。

于是，女儿和儿媳们到超市挑选了一些核桃、红枣、雪菊等新

第十八章　坚守初心

疆土特产。

一想到这些东西是带给张富清的,从打包到装箱,刘聪普都要亲力亲为。

他还认真地拿出一张纸,写下:"张富清同志,这次来看望你,带点新疆土特产以表心意。"

刘聪普小心翼翼地把留言纸条贴在装着土特产的箱子上,还用胶带在纸条处多缠了几圈。

"我和张富清年纪都大了,听力不好,希望他看到我的留言,时常想起老战友。"刘聪普对孩子们说。

6月10日一大早,刘聪普在儿媳刘金凤的陪同下赶往阿克苏机场。和他一同前往的,还有新疆军区某红军团政委王英涛、该团下属某连四班班长刘明鹏,以及从该团退伍的谢章斌、姜红彬两位老兵。

从阿克苏到来凤,相距4000公里,需要先乘坐四个小时飞机到达重庆,然后换乘高铁前往湖北恩施,再坐两个多小时的汽车,才能到达地处鄂湘渝三省(市)交界的偏远山区来凤县。

如此长途跋涉,年轻人也不会感觉轻松,何况刘聪普老人已经90岁了!

曾经代表90后新兵与张富清爷爷视频通话的某连四班班长刘明鹏说:"刘爷爷90岁高龄,两天的长途跋涉,年轻人都很累,但他却不说累,一路上都很兴奋,从他身上我看到了一名老兵坚韧不拔的革命精神。"

6月11日上午，汽车从恩施出发，奔驰在崇山峻岭之间的高速公路上。刘聪普对这里的一切都感到新奇，不停地向窗外张望。

到达来凤县收费站，刘聪普看到旁边有一座大桥，于是下了车，拄着拐杖走上大桥，兴致勃勃地来回踱步，不时远眺周围群山。

看了一会儿大山，他感叹道："啊，这就是老战友生活工作几十年的地方啊，真不简单！周围全是大山，他在这里工作……真不容易啊！"

到达来凤县城后，大家以为他第一件事便是立即去探望张富清，可刘聪普却格外慎重，他说，他要先办点事。

一行人住进宾馆，刘聪普把自己关在房间里，久久没有动静。陪同照顾刘聪普的儿媳刘金凤奉命去看，原来，老人家正在整理他的老军装，仔细检查带来的礼物，还拿出一本介绍来凤县风土人情的书，戴上眼镜看起来。

"爸，干吗呢？"

"这里跟阿克苏一样，也是一个少数民族聚居区，我要了解了解。"

又说："我们是军人、是干部、是党员，不论走到哪里，都要尊重那里的人民！"

得知刘聪普一行已经住进宾馆，张健全匆匆赶来了。

刘金凤一见张健全，就急忙解释说："我父亲觉得突然造访会打扰您父亲，何况老英雄在医院，也不知道他现在身体情况如何……"

第十八章　坚守初心

"实在对不起，我慢了一步你们就先到了。"张健全介绍了父亲近日的身体状况，然后说，"旅途劳顿，你们先陪老爷子休息休息，90岁的人，走了这么远的路……今天就不去医院了，我陪你们吃个饭。明天下午吧，我爸在医院病房里恭候老战友！"

四

6月12日上午，当中宣部领导一行走进病房时，父亲已经早早坐在床边一把椅子上静静等候了。

中宣部领导上前握住父亲的双手："您为我们树立了标杆和榜样，我们要向您学习，感谢您为党和国家做的一切！"

接着，他宣读了《中共中央宣传部关于授予张富清同志"时代楷模"称号的决定》，并颁发了奖章和证书。

父亲非常激动，他饱含深情地说："我今年已经95岁了，我这一辈子，不管走到哪里，我都牢牢地记在心上——是党培养我成为一名革命军人、共产党员。我们所做的一切，都是为了老百姓、为了国家！"

中午，张健全希望父亲睡一会儿午觉，但他没睡着，而是早早地要儿子帮他穿好老军装，端正身子坐在椅子上，焦急等待着原三五九旅老部队一行人的到来。

父亲得知刘聪普一行昨天已经到达来凤了，怪罪儿子为什么不早点安排他们见面。

张健全一笑:"爸,您老战友也是90岁高龄了,行程4000公里,不应该稍事休息呀?"

陪护父亲住院的二姐张建荣说:"自从爸爸的事迹被广泛报道后,有很多人过来看望他,但是我知道,他最期盼的还是老部队、老战友!"

说话间,刘聪普和几名军人一道走进病房,只见刘聪普情绪激动,颤抖着声音,高门大嗓和老战友打招呼:

"老战友,我是刘聪普,我来看你来了!"

95岁的张富清和90岁的刘聪普,都没有忘记自己早年的军人身份,两人见面的第一个动作,就是各自举起右手,郑重地互敬军礼!

五

2019年6月13日上午,数百名来凤县干部群众,三五成群走进来凤县文化中心剧场,中央电视台《时代楷模发布厅》现场录制。

有人在打听:"老英雄在哪里?"

旁边一个人回答:"我认识他的孙女张然,我们同班同学!"剧场门口竖立着"时代楷模"张富清的巨幅海报,许多人纷纷上前,拿出手机与"老英雄"合影。

有人说:"咱们是来凤人,三天两头都能见到他,要照相就和他本人照!"

一个干部模样的中年人信心十足地说:"待会儿老英雄要上台

第十八章　坚守初心

领奖的，今天来凤人都可以发个'朋友圈'！"

上午9时，剧场内电视大屏幕上，一位名叫刘聪普的90岁老人缓缓走进来凤县中心医院消化内科1号病房。"老战友，我是刘聪普，我来看你来了！"

两人一见面就互敬军礼，然后，两位老人紧紧拥抱，相拥而泣，互相拍打着肩膀，千言万语不知从何说起……

在发布厅大屏幕上，出现了这样一段文字：

"我是一名95岁的普通党员、普通居民，在配合信息采集时，如果不出示证书，是对党、对组织的不忠！"

这是来凤县委巡察办主任邱克权现场展示的张富清日记的一部分。通过这篇日记，邱克权现场讲述张富清第一次拿出立功证书时的矛盾心理。

张富清一直认为他的立功没有什么值得宣扬的，直到有人告诉他："你把你的故事讲出来，是对社会作贡献。"

邱克权看着视频，眼眶噙满泪水。作为最早发掘张富清英雄事迹的人之一，他动情地说："张富清老英雄的一生写照，如他的名字一样，富足于精神，清廉于物质。每一次聆听他讲话，真诚的感情、朴实的语言，我认为就是一次生动的党课、一次精神的洗礼！我要以实际行动向老英雄学习，在本职岗位上取得更多、更扎实的成绩。"

在《时代楷模发布厅》录制现场，73岁的来凤县百福司镇退休干部杨胜友上场讲述时，带来了一样特殊的东西——一双草鞋。

面对观众，杨胜友讲起老同事张富清的故事。有一次，时任卯洞公社革委会副主任的张富清下乡检查，途中草鞋烂了。看到公社供销社销售的草鞋以次充好，他对供销社负责人严肃地说："你们把这些坏草鞋卖给老百姓，还有没有良心啊！"

杨胜友深深敬佩老同事对人民群众的真挚感情："他经常对我们说，宁愿自己吃点亏，也不能让老百姓吃亏，张富清心里任何时候都是装着群众的。"

紧接着杨胜友的讲述，屏幕上出现一条弯弯曲曲的山间公路。

现场许多来凤人都知道高山苦寒的百福司镇（原卯洞公社）高洞村，认识这条好不容易修通的高洞通往外界的公路！

当年的高洞村，是卯洞公社最偏远的地方。山连着山，岭接着岭，就是没有一条通向邻村和镇上的公路。村民出行走羊肠小路，交易山货靠肩挑背扛。1977年上半年，在张富清的筹划、主持和带领下，乡亲们完全凭着肩挑背扛，克服重重困难，终于修通了高洞村第一条像样的出村公路，它至今还在为2000多名村民出行和运输提供着便利……

"当时，我们用了炸药，才打通这条挂壁路。张富清主任既当指挥员，又当战斗员，他亲自在悬崖上打钢钎，装药放炮……"

发布会现场，记者张欧亚讲述了湖北日报社记者团队首先发现，并报道张富清这一重大典型人物的经过："同事张孺海春节回老家来凤，听说了老人的故事，我得知后感到振奋、震撼！"

张欧亚坦言："兴奋之余也有些疑惑，如此战功卓著的大英雄，

第十八章　坚守初心

怎么会没有人知道？会不会是乌龙？"

当然不是乌龙！

在部队，他不怕牺牲，多次立功；在地方，从转业到离休，从城关粮管所，到三胡区、卯洞公社，再到县外贸局、建设银行来凤支行……数十年如一日，他就像一块砖，哪里需要就往哪里搬！

数十年坚守初心，不论何时何地；数十年赤诚奉献，不分任何岗位！

通过深入采访，张欧亚他们才深刻认识了一个真正的共产党员、一个真正的人民公仆，他不但是战争年代的功臣，也是新时代坚守初心、牢记使命的英雄！

六

在《时代楷模发布厅》录制现场，主持人王宁采访了老英雄的长子张建国：

"现在，你能理解父亲吗？"

理解父亲？

老实说，许多年里他们并不理解，也可以说满腹疑问！

比如说，大姐张建珍从10岁起就常年吃药，可父亲从没申请过困难补助，一次也没有；比如说，别人大多想方设法解决孩子们的工作问题，"顶职"啊、"开后门"啊，可是张家子女没有一个在父亲工作过的单位上班，都是凭着自己考学就业的；子女们相继参加工作后，作为老干部的父亲，其实也可以在孩子的晋升途中找找人、出点力，但父亲的原则性比铁还硬，他没跟任何一个"老关系"说过任何一句求情的话……

"一切都靠自己，靠自己努力，我帮不上你们什么忙，也不会帮忙！"

每一个子女，都无数次听到过父亲一而再再而三的叮嘱……

张建国饱含深情地回答主持人：

"在战争年代，每次战斗他都当先锋、当突击队员，难道他就真的不怕死吗？在和平建设时期，哪里艰苦他就往哪里去，难道他就真的不怕苦吗？他在88岁高龄左腿截肢以后，依然能够站立起来，他的身躯难道是钢铁浇铸的吗？"

这些疑问曾经在张建国、张健全兄弟的心头挥之不去。

但是现在，不但他们兄弟明白了，他们兄弟姐妹四个都理解了父亲，张家老少四代人都理解了这个"一家之主"：

"我们的父亲心里始终装着人民，唯独没有他自己。这些我原来不理解，现在终于明白了，他做的这些事，都是源于对党的感恩和对党的忠诚！"

张建国话音刚落，现场响起热烈的掌声。

"这是《时代楷模发布厅》最为特殊的一次颁奖仪式。"节目录制尾声，大屏幕播放的视频透露：因为老人身体原因，颁奖仪式改在县中心医院一间病房进行。

最后，"时代楷模"张富清出现在大屏幕上。

第十八章　坚守初心

面对党中央派来的代表，也是面对全党、全国人民，老父亲饱含热泪、字字千钧地说：

"我今年已经 95 岁了，我这一辈子，不管走到哪里，我都牢牢地记在心上——是党培养我成为一名革命军人、共产党员。我们所做的一切，都是为了老百姓、为了国家！"

真挚的感情、朴实的话语！一个老党员的心灵表白，一个老英雄的坦荡心声！

张富清话音刚落，谁都熟悉的《我的祖国》悠然响起，全场观众齐声同唱，将发布仪式推向高潮——

　　这是美丽的祖国，
　　是我生长的地方，
　　在这片辽阔的土地上，
　　到处都有明媚的风光……

"时代楷模"发布仪式结束后，张健全看到 84 岁的母亲孙玉兰从大厅里走出来。这时，在剧场门口的张富清巨幅海报前，一群少先队员正举起右手，庄重行礼。

"看到没有？"张健全问母亲。

母亲露出欣慰的笑容，说："如果你爸爸看到，他一定会很高兴的。"

张健全立即拿出手机："妈，你站过去，我给你和爸拍一张'情侣合影'！"

母亲笑眯眯看了儿子一眼，几步走向丈夫的高大画像。"哈哈，老情侣！"

张健全连拍三张，精神焕发的老母亲爽朗大笑。

第十九章

你都做到了

你都做到了,你是全党全国人民的楷模!

——习近平

北　京

第十九章　你都做到了

一

2019年7月26日,在全国上下隆重庆祝中华人民共和国成立70周年、中国人民解放军建军92周年之际,在全国退役军人工作会议上,人力资源和社会保障部、中共中央组织部、退役军人事务部、中央军委政治工作部等军地相关部门联合表彰张富清等401名同志为"全国模范退役军人",表彰北京市通州区光荣院、中国人民解放军三二一二二部队等91个单位为"全国退役军人工作模范单位",表彰闫永杰、肖哲等76名同志为"全国退役军人工作模范个人"。

7月26日上午,在北京市京西宾馆会议楼前厅,在中共中央总书记、国家主席、中央军委主席习近平亲切会见全国退役军人工作会议全体代表之前,95岁的张富清已被儿子张健全和工作人员搀扶着,一步一步走到第一排正中座位。

此时他身披"全国模范退役军人"大红绶带,胸前挂着军功章,笑意盈盈地坐在一把红色绒面的座椅上。

和95岁的张富清一样坐在第一排的退役军人,还有90岁的朱再保、85岁的崔道植、83岁的王於昌、83岁的王成帮。五位老兵作为全国退役军人的杰出代表,理应受到党和国家的特别尊崇和关爱。

根据会议安排,张富清将坐在习近平总书记身旁。

父亲原本是英雄

也许是看他手足无措,格外紧张,工作人员便特别叮嘱道:"您腿脚不便,您就坐在这里。不用紧张,等会儿总书记来了,您不用站起来,他问您什么,您照实回答就好了。"

上午 11 时,习近平和李克强、王沪宁等党和国家领导人来到京西宾馆会议楼前厅,和代表们亲切握手,并致以诚挚的问候。代表们纷纷向总书记问好,现场掌声此起彼伏,气氛十分热烈。

习近平总书记和代表们一路握手,一路问好,张富清看到总书记朝自己走来了,忽然想站起来,但是已经来不及了,于是,他几乎是本能地举起右手,敬了一个军礼。

习近平总书记不久前曾为张富清同志先进事迹作出重要指示,此刻显然认出面前这位"60多年深藏功名"的老英雄了,他立即俯下身子,双手握住这位前辈老兵的双手:"您老健康啊!"

张富清心情激动,一时不知该说什么好,只顾紧紧握住总书记的手,连连点头:"健康!⋯⋯"

习近平总书记握着张富清的手久久不放,凝视着这个"一辈子坚守初心、不改本色,事迹感人"的老战士,诚挚、和蔼地祝福道:"保重身体!"

张富清眼睛湿润,激动不已,满腔肺腑之言顿时脱口而出:"感谢总书记!感谢党中央!我是党培养的,我要紧跟党走,做一名党的好战士!"

习近平总书记微笑着仔细倾听,赞赏道:"你都做到了,你是全党全国人民的楷模!保重身体,健康长寿!"

第十九章　你都做到了

总书记浑厚洪亮的声音响彻大厅，全场掌声雷动。

二

张健全的手机"便签"上记得很清楚：他们一行人抵达北京"湖北大厦"的时间，是 2019 年 7 月 24 日下午 4 时 20 分。

还没从商务车里下来，95 岁的父亲张富清，就被湖北省驻京办干部职工和湖北大厦中层以上管理人员的掌声和鲜花包围了。

但是，拖着一条义肢的老父亲是没法自己下车的，还得靠张健全抱起他的大半个身子，姐夫李昌孟在一旁协助。颇费一番工夫，老人家才在轮椅上落座了。

浓郁的乡情，深深的敬仰，湖北话的欢迎辞既柔软又刚劲，"爷爷""张爷爷""英雄爷爷"的亲昵叫声响成一片，对于老父亲来讲，简直是儿孙绕膝、亲情融融的情景再现！

他们是前一天从来凤县家中出发，先坐汽车到恩施，再坐动车到武汉，然后换乘高铁抵达北京的。

张健全说，这次来京是父亲第一次坐动车和高铁，他很激动。来凤县城距离北京 1500 多公里，竟然十个小时就到了，父亲感到不可思议，一路上都很兴奋，几乎很少休息。在恩施一上动车，便有乘客和列车员认出了"时代楷模""咱们恩施的老英雄"，纷纷过来照相、问候："爷爷，您可是恩施的骄傲啊！您是我们学习的榜样！"

…………

父亲原本是英雄

张健全推着轮椅，一行人簇拥着父亲进入客房，第一件事就是检查老人的血压。

这次老父亲赴京开会，湖北省退役军人事务厅特意安排了医疗小组一路随行。而张健全的二姐张建荣和姐夫李昌孟，退休前是来凤县中心医院的专业医护人员，平常也是父亲随叫随到的"保健医生"。

老实说，没有他们随时随地的医疗服务，张健全是不敢贸然带着 95 岁高龄的老父亲启程赴京的。

检查之后，医生满意地宣布："血压正常，没有任何问题。"

父亲笑了。

张健全和姐姐、姐夫都松了一口气。

从出发前就有的对父亲身体的隐隐担忧，顿时烟消云散。

随同爷爷一道来京的孙女张然，笑嘻嘻地说："爷爷，没想到您的愿望这么快就实现了吧？"

爷爷笑微微点头。

这次张然另有任务——中宣部等单位几天后将在人民大会堂举行"张富清同志先进事迹报告会"，张然是报告团成员之一。

她是湖北民族大学教师，也是好不容易才征得爷爷同意的张家唯一一个对外"抛头露面"的代表。

张然嘟着嘴向爷爷"抱怨"道："7 月 4 日上午，我第一次以您孙女的身份在武汉洪山礼堂参加省委组织的报告会，我说爷爷最大的愿望就是带奶奶去一次北京，闹得满世界都知道了……现在倒

第十九章　你都做到了

好，不过短短 20 天，您来北京的愿望就实现了，可是我怎么办？我不能再拿上一次的稿子在北京讲了！"

爷爷努力听明白了，面带愧意地说："你就代表爷爷讲一讲，讲一讲我们全家感谢总书记、感谢党中央！"

三

7 月 26 日，张富清作为湖北省四名退役军人代表之一，参加完全国退役军人工作会议后，湖北省驻京办就派车将他接回湖北大厦。

"总书记说我什么了？"

刚刚进入客房，老父亲就急不可待地问儿子。

张健全一愣。

他知道习总书记接见时整个现场掌声雷动，一片欢腾，而父亲心情激动，心潮澎湃，加之听力微弱，又没带上家里那个朝夕相处的"翻译"——母亲孙玉兰，所以他没能完全听清习近平总书记的交谈和祝福……

张健全凑到父亲耳边说："总书记让您保重身体，祝您健康长寿！"

父亲的目光落在电视机上，开心地笑了："谢谢总书记！他那么忙，那么多国家大事要操心，还关心我的身体！"

张健全立即打开电视机，调到央视新闻频道。他知道父亲此时此刻最想看到什么画面。

父亲原本是英雄

看电视是父亲老年生活的重要内容之一，但他几乎只看时事新闻，从中央台到湖北台到恩施台，他兴致勃勃地追踪着国家和地方的建设发展进程，尤其关注"扶贫攻坚"和"祖国统一"两大主题。

今年5月，当湖北电视台播出来凤县正式退出"国家级贫困县"的重大新闻时，老父亲激动不已，晚餐时还特意喝了一小杯本地"杨梅酒"表达心情。

"太高兴了！"那天他对张健全说，"1955年我和你妈到来凤，当时来凤是全省最穷的县之一，老百姓吃不饱穿不暖……我们艰苦奋斗几十年，一切工作不就是为了让人民不愁吃不愁穿，过上好日子吗？现在，来凤终于摘掉贫困县的帽子，我们这些老同志也脸上有光啊！"

下午4点，在湖北大厦1503会议室，一个主题为"向老英雄张富清学习致敬"的座谈会隆重举行。

父亲张富清首先发言。他说，习近平总书记的关怀使他倍感温暖，倍感振奋，感谢总书记，感谢党中央！

尽管连日旅途劳累，休息不佳，但他精神状态良好，依然笑声爽朗、口齿清晰："今天，是我有生以来，最高兴、最愉快、最幸福的一天！"

他腼腆地说，总书记夸奖说——"你都做到了"，他认为过奖了，这是总书记对他这个老战士的鼓励和鞭策！

"其实我做得很不够，远远不够。"他说，"看到现在的北京这么繁华，人民的生活越来越好了，我们当年的流血牺牲都值得！"

第十九章　你都做到了

最后他笑了笑，不由自主地挺直腰杆，像年轻人一样激情洋溢地说："现在年纪大了，不能再为党和人民作贡献，真想年轻几十岁，从 1948 年参军、入党开始，把一生再过一遍，时时处处严格要求自己，时时刻刻按照党的要求去做。如果真有这种好事，我会做得更好一些！"

他说："党中央、习近平总书记非常得人心，党的威信越来越高，国家发展越来越好，党和国家很了不起！我们要团结一致一条心，信念坚定跟党走，保持老党员老干部应有的初心和本色。"

他攥紧拳头说："我是党培养的，我要紧跟党走，做一名党的好战士！"

父亲发言后，主持人欢迎张健全讲一讲"儿子心目中的父亲"。实在不好推托，他便站起来给大家深深地鞠了一躬，说："我们陪着父亲抵京以来，驻京办和湖北大厦的同志们给予我们家人般的关心、关怀和照顾，我们全家万分感谢！"

他表示："父亲是党培养的，老英雄的荣耀是属于我们大家的！"

说到"儿子心目中的父亲"，他禁不住百感交集，激动万分："父亲是从枪林弹雨中活过来的，一辈子不容易，头上有伤、身上有伤，一口牙齿都是假牙……九死一生！他是怎么活过来的？作为儿子、家人，我们感到心疼……但是他从来不对我们说他过去立功受奖的事。他认为比起牺牲的战友们，他很幸福、很知足，有工作、有收入，有儿女、有家庭，没有理由居功自傲，向组织提什么要求，家里有

父亲原本是英雄

任何困难都自己解决！他一辈子谦虚谨慎、低调做人，真诚朴实、埋头工作，时刻听从党召唤，党叫干啥就干啥！"

接着，他打开手机，一边翻阅着"记事本"，一边简略介绍了习近平总书记和各级党组织褒奖和关心父亲的有关情况。

5月24日，新华社报道了习近平总书记对张富清同志先进事迹作出的重要指示，赞扬老英雄"在部队，他保家卫国；到地方，他为民造福。他用自己的朴实纯粹、淡泊名利书写了精彩人生，是广大部队官兵和退役军人学习的榜样"。

5月26日，受中共湖北省委委托，省委宣传部主要领导到来凤县，看望慰问老英雄张富清。

6月12日，中央宣传部授予张富清"时代楷模"称号，中央宣传部领导专程从北京赶到来凤，在县中心医院病房为老人颁奖，并在来凤县举行"时代楷模发布仪式"。

6月13日，中共湖北省委主要领导专程到来凤县中心医院病房，看望慰问张富清同志并进行交谈，亲切地说："您的事迹，让我深受感动！习近平总书记对您的事迹高度肯定，给我们巨大鼓舞和鞭策。我们一定认真贯彻习近平总书记重要指示精神，在'不忘初心、牢记使命'主题教育中，以您的先进事迹为生动教材，激励全省广大党员干部汲取榜样的精神力量，不忘初心，担当使命，继续砥砺前行。"

6月16日，中共湖北省委发出通知，在全省广泛开展向张富清同志学习活动。

第十九章　你都做到了

6月19日,在北京举行的庆祝新中国成立70周年湖北专场新闻发布会上,省委主要领导深情地说:"我上周刚刚到恩施去看望了张富清老人,听了老人家讲的一席话,我深受震撼,也深受感动。老人家给我们上了一堂特别深刻、特别生动的党课……"

6月27日,中共中央作出《关于授予张富清同志"全国优秀共产党员"称号的决定》。

7月1日,中央组织部领导到来凤老人家中,专程为他颁授"全国优秀共产党员"证书(编号20190001)和奖章。

7月2日,中央组织部、中央宣传部、退役军人事务部、中央军委政治工作部联合印发《关于开展向张富清同志学习的通知》。

张健全说:"我们全家人一定时刻牢记党的恩情,一定要把各自的本职工作做好,回报党对我们的关心和爱护、培养和恩情!"

有人得知张健全现在担任来凤县委第二巡察组组长,让他再结合工作和大家交流交流。

他犹豫片刻,因为他是从来不谈自己的。他陪伴着父亲接受各种媒体采访,但他只做"翻译"工作。许多领导慰问父亲,大多只知道张富清的小儿子沉默寡言,并不知道他的干部身份。

但是今天面对一群热情的湖北老乡,座谈会气氛又很轻松,于是他简单说了说自己的工作情况。

"大家知道,巡察工作是个'得罪人'的活,特别是在我们来凤小县城,满街都是熟人,'熟人社会'监督难越发明显。父亲叮嘱我们一定要老老实实做人,踏踏实实干事,当干部要对党忠诚,个人干净,敢于担当!

"父亲说得对,我干的就是个得罪人的活,要坚持对党忠诚。每当遇到人情干扰时,我就得拉得下脸,不怕得罪人,敢于坚持原则。

"这样的'不近人情',或许来源于我的父亲,因为他是连一颗药都要锁进抽屉的人。由于父亲的影响,在面对这些情况时,我都会主动竖起一道屏障……

"如今,我在巡察组组长的岗位上已工作三个年头,现在经常有人问我:'是什么让你一直坚守在这个岗位上?'

"每每被问及这个问题,我都会想起自己的父亲,父亲他不论所处哪个时代、身在哪个岗位,都始终保持崇高信仰。在革命战争年代,他坚决做到'党指到哪儿,就打到哪儿';在祖国建设时期,坚决做到'党让我去哪儿就去哪儿,哪里最艰苦就去哪儿'!"

在一阵热烈的掌声中,张健全侧头对老父亲笑笑:"在今后的工作中,我也要像父亲一样,只要组织信任我,我就一直干;只要组织需要我,我就在这个岗位上一直干!"

父亲也跟着大家拍了拍手,表示赞同儿子的决心。

座谈会也是一次主题党日活动,驻京办和湖北大厦的四位党员相继发言,真诚热烈,气氛庄严。

会议期间,张健全收到现场一位记者朋友的微信提醒:老人累了,应该回房间休息了。

于是他凑近父亲问道:"您累了吧?我们回房间休息?"

父亲摇摇头,他要尊重每一个人,即使再累,也要继续聆听大

第十九章 你都做到了

家发言。

即使听力不佳,他也要聚精会神始终在场,哪怕只能听个片言只语。

四

"爷爷,没想到您的愿望这么快就实现了吧?"

张然笑嘻嘻地问爷爷。

可是爷爷不搭理,全神贯注地看着窗外。两只眼睛睁得大大的,一眨不眨,生怕错过什么大美奇观。

张健全知道,父亲想再看看北京的心愿已经埋在心底整整66年了!

1953年,他和战友们从新疆出发,基本靠步行来到北京,路上花了一个多月时间!

虽然在北京停留时间很短,可以说是匆匆来、匆匆走,但雄伟壮观的天安门却深深印刻在脑海里,每当电视里出现天安门画面,他就仿佛见到熟悉的场景一样,有时还要情不自禁地念叨:我到过天安门!

实际上他连一张照片也没留下。

这次来北京之前,父亲就一次次念叨:他想再去一次天安门广场,去瞻仰毛主席纪念堂,去拜谒人民英雄纪念碑。

其实,66年前他来北京时,天安门广场上还没有这两座建筑。

那一次站在天安门广场，他不禁心潮起伏、浮想联翩：如果新中国成立那天，能现场接受毛主席检阅、聆听毛主席讲话，该有多好！

要是那些为了新中国而牺牲的每一个解放军战士，都能像他一样来到首都北京，在天安门前站一会儿……那有多好！

此时，在蓝天白云的背景里，在耀眼的阳光下，毛泽东主席题词的"人民英雄永垂不朽"八个鎏金大字闪闪发光。

老父亲撑着轮椅，极力想站起来，最后在身边儿子、女婿的帮助下，颇为艰难地站了起来，举起右手，神色肃穆地面向人民英雄纪念碑，敬了一个标准的军礼。

那一刻，他明亮的眼睛里噙着泪花。

张然一边给爷爷拍摄手机视频，一边旁白打趣："爷爷张富清，终于在2019年7月27日上午实现了他再看看北京的心愿，实现了他第二次站在天安门广场上的梦想！"

实际上有点夸张了：爷爷此时没有站，而是坐在轮椅上，仰着脖子眺望天安门城楼，灿烂的阳光洒在他汗涔涔、红彤彤的脸庞上……

"爷爷，您想起什么了？"

张然把开启了录音功能的手机伸到爷爷面前，仿佛在代表媒体记者发问。

"想了很多很多……"爷爷沉吟着说，"没有一代代革命先烈的前仆后继，就没有现在的好生活。所以要更加珍惜现在的生活，

第十九章　你都做到了

要好好地工作，把国家建设得更好！"

张健全推着轮椅走了几步，老人家又说："现在农村还有一些乡亲没有脱贫，宝岛台湾也还没有和大陆实现统一。我们这代人没有实现的事情，要靠下一代、下下一代努力实现！"

尽管烈日当空，老人的衬衣已经汗湿，但他不咳不喘，声音洪亮，一些好奇围观的人情不自禁鼓起掌来。

有人认出他了："这不是老英雄张富清吗？"

于是大家争先恐后地拿出手机拍照，和一脸笑容的老人合影留念。

在毛主席纪念堂前，老人坐在轮椅上和大家一起排队。但是他很快就被许多手持白花的群众认出来了。

"老英雄都90多岁了，咱们给他让个道！"

不等工作人员安排，排队人群迅速让开一条通道——人民群众自觉打开的"特别通道"。

张健全知道，这是父亲第一次瞻仰毛主席纪念堂。为了这个第一次，他特地戴上了毛主席像章，穿上了新买的白衬衣、黑色长裤。

父亲坐在轮椅上，手里拿着一束花，被工作人员推进纪念堂大厅，一直推到高大的毛主席汉白玉坐像前。

他静静地凝视着，眼睛里泪光闪烁。

但是谁也没料到，他忽然要站起来，要以一条独腿站立起来，向毛主席鞠躬！

只见他两手撑着轮椅，努力了几次还是不行，最后在儿子张健全和女婿的搀扶下站起来了,颤颤巍巍地站起来了……

他把手中的白花慢慢放到坐像前。接着,他仰视着人民领袖,仰视着党和国家以及人民军队的缔造者,目不转睛地凝视了一会儿,然后单腿站立,缓缓弯腰鞠躬,一直弯成90度,一下、两下、三下……

走出毛主席纪念堂时,两位守卫纪念堂的哨兵忽然认出了轮椅上的老英雄,他们"啪"地向老人敬了一个军礼,老人回头微微一笑,举手回礼。

张健全推着轮椅向前行进,父子俩都是真诚朴实、忠厚为人、话语不多、笑对世界的形象,张然给他们拍了几张以纪念堂为背景的照片,悄悄问爷爷:"您的心愿满足了吗?"

爷爷擦擦湿润的眼睛,点点头:"满足了。"

"奶奶没来,难道不遗憾啊?"

爷爷忽然绽开笑容,一本正经地回答:"下次吧,下次叫上奶奶和大姑姑一起来!"

尾声
父亲原本是英雄

来凤县城翔凤镇

尾　声　父亲原本是英雄

汽车驶进来凤县城翔凤大道一条老旧小巷，缓缓抵达一栋五层高的老建行宿舍楼前，还没停稳，就听见二楼阳台上传出两声惊喜的叫喊：

"妈呀！爸爸回来了！"

旧木窗里露出一张笑脸，一个白发苍苍的脑袋。

这是张健全 64 岁的大姐张建珍。

张健全马上回答："大姐啊，快叫妈妈，我们把爸爸原模原样安全领回来了！"

大姐常年有病在身，心智有时只有小孩子的水平，但她爱父母爱家人的感情，却不输一般身心健全者。

这次父亲在家人陪伴下去北京开会，她几乎每天都站在窗前引颈张望，只要听到汽车响声，听到院子里有人说话，她就格外兴奋，可一旦发现走出汽车的并非父亲或者弟弟妹妹时，她又大感失望，甚至不言不语不理人，生半天闷气。

转眼之间，大姐已经和母亲手牵手站在楼梯口，思念心切的母女俩不禁泪流满面……

"妈，我不骗你，这回真的是爸爸回来了！"

"是的，你没骗我，爸爸回来了！"

这是 2019 年 7 月 29 日上午 11 时，离家 6 天、往返 3000 公里的老父亲张富清终于平平安安回家了。

看着手机上的日程记录，张健全不能不惊叹老父亲的非凡精力和老英雄的顽强意志：

23日，从来凤出发，坐两小时汽车到恩施。

24日，清早从恩施出发，坐四小时动车到武汉；接着又换乘高铁，四小时到北京，入住湖北大厦。

25日，到京西宾馆报到、入住。

26日，上午参加全国退役军人工作会议，受到中共中央总书记、国家主席、中央军委主席习近平亲切接见。紧接着，当天下午就赶到湖北大厦，应邀参加了湖北省驻京办事处的主题党日活动。

27日，一大早就赶往天安门，瞻仰人民英雄纪念碑和毛主席纪念堂；中午一点半，乘坐高铁回武汉，晚上七八点钟入住东湖宾馆。

28日上午9时许，乘坐动车回到恩施，在火车站受到家乡干部群众的热烈欢迎。当张健全背着父亲跨出车门时，身穿民族服装的少年儿童献上鲜花，高举手机拍照的人群中响起阵阵掌声。

举国闻名的老英雄此刻怀抱鲜花坐在轮椅上，谦和地说："这不仅是我个人的荣誉，更饱含习近平总书记对广大退役军人的嘱托和期望，饱含着党和国家对退役军人的关爱和尊重！"

28日下午，老父亲和恩施州委领导座谈，汇报他在北京见到习近平总书记的幸福情景，晚上入住恩施酒店。本来为他安排了一个大房间，但他说什么也不愿住，坚持换了另一个小标间。

7月29日早晨，张健全陪着父亲乘坐汽车返回来凤县城，回到这栋父母住了30多年的单位宿舍楼，回到家中……

尾　声　父亲原本是英雄

一家子前呼后拥进门坐下后，常年患病的大姐很快就发现少了一个人："然然呢？她在恩施就回学校了？"

张健全心想，谁说大姐反应不快呢，她对侄女真是牵肠挂肚、心细如发！

张健全说，张然人在北京，还没回来，她准备参加 7 月 31 日由中宣部、退役军人事务部、中央军委政治工作部和中共湖北省委联合举办的"张富清同志先进事迹报告会"……

"然然是福星，上次在省里她讲了'爷爷的心愿'是看看北京，看看天安门。"老父亲欣慰地说，"果然，不到 20 天爷爷就如愿以偿了……"

但是母亲特别关心孙女在人民大会堂的演讲："这回在北京，然然要讲什么？"

张健全打趣道："这回在人民大会堂讲一讲'爷爷的眼泪'……"

母亲吓一跳："眼泪？"

就在大家面面相觑困惑不解之际，张健全打开手机，调出张然的演讲稿，声情并茂地朗诵起来：

"……回顾我们和爷爷生活的这么多年，爷爷总是特别地刚强、乐观。家庭困难时没哭，大姑患病时没哭，身体残缺时没哭，重新站起来时没哭。但是今年，爷爷却一次又一次地哭了。"

父亲紧靠母亲坐在沙发上，母亲伸出一只手，轻轻拍打着父亲左腿的一点残肢……

"各大媒体的采访，勾起了爷爷对当年打仗情景的回忆，每当

父亲原本是英雄

爷爷回想起当年牺牲的战友,他总是老泪纵横,嗓子沙哑……任由奶奶帮他拭去止不住的泪水。爷爷一哭,我们也跟着流泪,采访的媒体记者哭了,前来看望的领导和同事哭了,众多读者和观众也为之动容。我知道,在爷爷心中,没有什么比为国牺牲更光荣,没有什么比逝去的战友更值得尊重。今年3月2日,爷爷当年的老部队从新疆派代表来看望他,这一次,爷爷又哭了……"

听到这里,父亲挥挥手打断张健全的"演讲":"好吧,既然然然想这么讲,就这么讲吧!"

"您也别担心她只讲'爷爷的眼泪',爷爷的军礼她也讲了!"张健全清清嗓子,继续代表张然深情演讲:"那天,当部队战士大声念到'三五九旅''王震将军'时,爷爷先是兴奋地拍手,紧接着又激动地落泪,然后用一条独腿颤颤巍巍地站起来,挺直脊背,对着部队代表,庄严地举起右手,行了一个军礼。这是爷爷离开部队64年后的第一个军礼。那一刻,我亲爱的爷爷泪流满面,他的眼里,一定闪现过鲜艳的军旗,一定闪现过那些浴血疆场的画面,一定闪现过长眠在地下的战友依稀的模样……"

一家人都围桌而坐,张健全的声音回荡在每个人心头,每个人都听得聚精会神,感动不已……

7月30日一早,张健全前往建行老宿舍,恰好遇见父母亲还有大姐在二姐夫的陪伴下出门冲洗"北京之行"的照片,四个人一道下楼。

张健全赶紧跑上前,几步登上楼梯,和姐夫一道搀扶着父亲下

尾　声　父亲原本是英雄

楼……

心想，幸亏住在二楼，要是住五楼，那可真要了命了！

可是父亲摆摆手，拒绝了儿女们的搀扶。自己的事情自己做，他不要给儿女添麻烦。他又回归到几十年如一日的生活状态。

只见他用两只手紧紧扒着楼梯栏杆，手里一滑、一滑，脚下一步、一步，小心翼翼往下移动。

与其说他是走下楼梯的，不如说，他是一点点溜下来的！

且不说那个栏杆灰扑扑脏兮兮的，光看动作，就看得人胆战心惊！

在儿女们提心吊胆的注视下，父亲费了老大功夫，终于站在结结实实的地面上了。也不稍微喘口气，就抓住他的助步工具——四轮支撑架，拖着一条假肢走出院子，穿过马路，不是颤颤巍巍，而是威风凛凛地上街了！

张健全自然清楚，父亲哪怕95岁了，可他骨子里始终是一个军人，他不希望自己老态龙钟，更愿意像在战争年代那样斗志昂扬！

在翔凤镇解放路一家照相馆，张健全和李昌孟分别挑出手机里的照片，而且也把张然拍摄的大量照片一起汇总了，让老父亲一张张观看、一张张挑选。

张健全对父亲说："天气太热，我们先回家，等他们洗好照片送来。"

父亲一听，不高兴了："不！不要你们等我，你们有事你们去忙，我等他们洗出来！"

父亲原本是英雄

父亲平心静气地等待着。

一直等到"北京之行"的照片冲洗出来。

他拿起一张,每一张都微笑欣赏,又拿起一张,每一张都仔细端详……

当天晚上,大哥张建国一家、二姐张建荣一家,前前后后都到老宿舍团聚来了。

母亲特别开心,端上她的"拿手绝活"——恩施合渣,大姐也不甘落后,精心制作的油茶汤芳香扑鼻,人见人爱。

等到大家轮流欣赏了父亲在北京活动的照片——被习近平总书记亲切接见,参观天安门、人民英雄纪念碑、毛主席纪念堂等——之后,他戴上老花镜,把照片分门别类摆好,小心翼翼地写上识别字样,然后装进一个红布袋子里。

"去,把柜子上那口皮箱子取下来!"

谁都知道,"命令"是下给张健全的。

于是,在全家人凝神屏气的注视下,老父亲再次打开了家中那只神秘的旧皮箱……

但毕竟年岁大了,他的手有些打战。

张健全一动不动站在父亲身后,全神贯注凝视着,他知道,父亲要把"北京之行"的这些照片,和他一辈子获得的所有奖章所有荣誉都存放在一起……

此时,这只1955年在汉口购买的老皮箱,已在家中存放了64年之久了!

尾　声　父亲原本是英雄

　　那一年，祖籍陕西的父亲张富清刚刚 30 岁、母亲孙玉兰 19 岁，两个人带着这口皮箱，先是坐两天长江轮船前往巴东港，再坐三天汽车翻山越岭到恩施，最后坐两天汽车才到来凤县城……

　　那时，不论是大姐张建珍、大哥张建国、二姐张建荣，还是张健全，他们四个都还没在来凤出生……

　　如今，看着老父亲轻轻合上老皮箱盖子，又慢慢捆紧脆弱的带子，还锁上一把生锈的小锁，张健全不禁打心底感叹道——

　　啊，父亲！

　　父亲原本是英雄！